신방수 세무사의

부동산 증여에 관한 모든 것

★★★ **신방수 세무사의** ★★★

부동산 증여에 관한 모든 것

신방수 지음

매일경제신문사

머리말

증여는 마음만 먹으면 언제든지 내 재산을 자녀 등에게 무상으로 이전할 수 있는 수단에 해당한다. 그런데 증여에 막대한 자금이 소요되는 데도 불구하고 이에 대한 관심이 많은 것이 현실이다. 그렇다면 왜 이러한 현상이 계속되고 있을까?

우선 최근 부동산 가격이 1~3배까지 급등하다 보니 상속세를 부담하는 층이 매우 많아진 탓이 크다. 상속세의 경우 재산가액이 10억 원을 초과하면 과세되는 것이 일반적인데, 아파트 1채 값이 이를 뛰어넘는 경우가 많아졌기 때문이다. 그런데 최근의 부동산 세제 강화도 이에 못지않은 이유가 아닌가 싶다. 알다시피 주택에 대한 취득세, 종합부동산세, 양도소득세가 크게 인상되었는데, 이 중 종합부동산세는 다주택 보유층에게 상당한 압박이 가해지고 있다. 그래서 이에 부담을 느낀 사람들은 시장을 통해 주택을 처분하고 싶어 하지만, 양도소득세가 과중해 처분 대신 증여를 선택하는 일들이 자주 발생하고 있는 것이다.

이 책은 이러한 배경 아래 독자들이 증여를 선택할 때 부닥치는 다양한 세무상 쟁점들을 해결하기 위해 집필되었다. 이 책의 특징들을 요약하면 다음과 같다.

첫째, 부동산 증여에 대한 세제의 전반을 다루었다.

부동산 증여는 모든 세제가 연관되어 있어 초보자의 관점에서 보면 이를 풀어내기가 상당히 힘든 경우가 많다. 예를 들어 부담부증여를 할 때 증여세와 양도소득세, 그리고 취득세를 어떤 식으로 계산할지, 증여 시에도 부가가치세가 과세될 수 있는데 왜 그런지, 증여받은 부동산을 양도할 때 양도소득세를 어떤 식으로 계산하는지 등이 그렇다. 이 책은 이러한 관점에서 부동산 증여에 대한 다양한 세무상 쟁점들을 모두 해결할 수 있도록 심혈을 기울였다.

이 책의 주요 내용을 살펴보면 다음과 같다.

- **제1장** 증여의 허와 실
- **제2장** 수증자의 세금분석
- **제3장** 증여자의 세금분석
- **제4장** 부담부증여 전에 점검해야 할 것들
- **제5장** 부담부증여 절세 특집
- **제6장** 증여추정·증여의제의 모든 것
- **제7장** 상속 대 증여 대 매매선택
- **제8장** 셀프 증여세 신고하는 방법
- **부 록** 증여재산평가 관련 실무지침

둘째, 최근에 변경된 세제를 심층적으로 분석했다.

최근 부동산 세제가 전반적으로 강화되고 있다. 증여도 마찬가지인데 기준시가로 신고된 증여재산가액을 감정평가액으로 과세하거나 증여 취득세 과세표준을 시가로 인상하는 것 등이 대표적이다. 한편 다주택자가 증여로 주택 수를 분산한 후 남은 주택을 1세대 1주택으로 양도할 때 1주택을 보유한 날로부터 다시 2년을 보유해야 비과세가 적용되는 것도 2021년에 등장했다. 이외에 매년 여기저기에서 세제가 개편되고 있고, 2022년 5월 새 정부의 등장에 따른 세제의 내용도 일목요연하게 정리할 필요가 있다.

셋째, 본인의 상황에 맞는 증여전략을 다루었다.

모름지기 책은 지식의 깊이를 더하는 것도 중요하지만 실전에서의 활용도가 높아야 한다. 따라서 이를 위해서는 각자가 처한 상황에 맞는 전략을 수행하기 위해 다양한 사례가 제시되는 것이 바람직하다. 이 책은 그동안 저자가 20년 넘게 현장에서 익히고 경험한 사례들을 발굴해 독자들이 가장 궁금해하는 내용을 엄선해 집필했다. 그 결과 사전에 증여할 때 일반증여가 좋은지, 부담부증여가 좋은지, 아니면 매도가 좋은지 등에 대해 스스로 답을 찾을 수 있을 것으로 기대한다. 또한, 증여로 받은 부동산을 양도할 때 양도소득세가 어떤 식으로 과세되는지 등에 대한 답도 찾을 수 있을 것으로 기대한다.

이 책은 부동산 증여에 대한 세제를 집중적으로 다룬 대중서에 해당한다. 따라서 현재 증여를 생각하고 있는 가정에서 증여 전에 한 번씩 보면 좋을 내용으로 가득 담았다. 이외 자산관리나 중개

업계, 그리고 세무업계에 종사하는 분들도 한 번씩 보면 좋을 것이다. 만약 책을 읽다가 궁금한 사항이 있으면 언제든지 저자가 운영하는 카페(네이버 신방수세무아카데미)를 찾기 바란다. 여기에서는 실시간 세무상담은 물론이고, 수많은 정보를 손쉽게 획득할 수 있다. 또 부동산 세금을 자동으로 계산할 수 있는 엑셀 툴들도 활용할 수 있다.

이 책은 많은 분들의 도움을 받아 출간되었다.

우선 늘 저자를 응원해주는 카페(네이버 신방수세무아카데미) 회원들의 도움이 컸다. 이분들의 관심과 성원에 힘입어 원고를 완성할 수 있었다. 또한 출판사의 배성분 팀장님과 공민호 실장님께도 감사의 말씀을 드린다. 이외에 세무법인 정상의 임직원과 항상 가족의 안녕을 위해 기도하는 아내 배순자와 대학생으로서 학업에 열중하고 있는 큰딸 하영이와 작은딸 주영이에게도 감사의 뜻을 전한다.

아무쪼록 이 책 한 권이 증여에 관련된 부동산 세제를 이해하는데 조그마한 도움이라도 되었으면 한다.

역삼동 사무실에서
세무사 신방수

Contents

제3장 증여자의 세금분석

제4장 부담부증여 전에 점검해야 할 것들

제5장 부담부증여 절세 특집

제6장 증여추정·증여의제의 모든 것

제7장 상속 대 증여 대 매매선택

제8장 셀프 증여세 신고하는 방법

※ 일러두기

이 책을 읽을 때는 다음 사항에 주의하시기 바랍니다.

1. 개정세법의 확인

이 책은 2022년 4월에 적용되고 있는 세법을 기준으로 집필되었습니다. 실무에 적용 시에는 그 당시에 적용되는 세법을 확인하는 것이 좋습니다. 세법개정이 수시로 일어나기 때문입니다. 저자의 카페나 전문세무사의 확인을 받도록 하시기 바랍니다.

2. 용어의 사용

이 책은 다음과 같이 용어를 사용하고 있습니다.

- 상속세 및 증여세(법) → 상증세(상증법)
- 종합부동산세 → 종부세
- 양도소득세 → 양도세

3. 조정대상지역 등에 대한 정보

- 조정대상지역(조정지역), 투기과열지구 등에 대한 지정 및 해제정보는 '대한민국 전자관보' 홈페이지에서 확인할 수 있습니다.

- 정부의 부동산 대책에 대한 정보는 '국토교통부', 세제정책은 '기획재정부와 행정안전부'의 홈페이지에서 알 수 있습니다.

- 개정세법 및 개정법률 등은 '국회(법률)', '정부입법지원센터(시행령)', 일반 법률은 '법제처'의 홈페이지에서 검색할 수 있습니다.

4. 책에 대한 문의 및 세무상담 등

책 표지 안 날개 하단을 참조하시기 바랍니다.

제 1 장

증여의 허와 실

01 왜 증여에 관심이 많을까?

증여는 마음만 먹으면 언제든지 내 재산을 자녀 등 제3자에게 무상으로 이전할 수 있는 수단에 해당한다. 그런데 증여에 막대한 자금이 소요되는데도 불구하고 이에 대한 관심이 많은 것이 현실이다. 그렇다면 왜 이러한 현상이 계속되고 있을까?

첫째, 증여는 예로부터 대물림 수단의 하나였다.

증여는 상속과 더불어 대물림의 중요한 수단이 되고 있다. 특히 증여는 언제든지 마음먹은 대로 소유권을 이전할 수 있는 장점 때문에 예로부터 중요한 재산이전의 한 수단이 되어 왔다.

둘째, 부동산 가격 상승으로 상속세 부담이 가중되고 있다.

최근 부동산 가격이 종전에 비해 1~3배까지 급등하다 보니 상속세를 부담하는 층이 매우 많아졌다. 상속세의 경우 재산가액이 10

억 원을 초과하면 과세되는 것이 일반적인데, 아파트 1채 값이 이를 뛰어넘는 경우가 많아진 탓이다. 이에 따라 상속세 부담을 줄이는 관점에서 증여에 대한 관심도가 커지고 있다.

셋째, 최근 부동산 세제의 강화도 한몫을 하고 있다.

최근 주택을 중심으로 취득세, 보유세(종합부동산세), 양도소득세(양도세) 등 모든 거래단계에서의 세목에서 중과세제도가 도입되었다. 특히 보유세 중 종합부동산세(종부세)는 과다한 주택 보유층에게 상당한 압박으로 작용하고 있다. 이에 부담을 느낀 사람들은 시장을 통해 이를 처분하고 싶어 하지만, 양도단계에서 중과세가 버티고 있어 처분 대신 증여를 선택하는 일들이 자주 발생하고 있다. 이와 함께 자녀를 통해 보유하는 것이 보유세를 줄이는 한편, 시세차익을 극대화할 수 있다는 계산도 증여를 선택하는 데 한몫을 담당하고 있다.

Tip 증여의 동기

일반적으로 증여의 동기는 다음과 같다.

구분		내용
① 소유권 이전	재산권 이전	증여하면 재산처분 권한이 상대방으로 넘어감.
② 세부담 최소화	종부세	증여를 적절히 선택하면 종부세가 절감될 수 있음.
	임대소득세	소득의 분산으로 임대소득세의 절세가 가능.
	양도세	증여로 주택 수를 조절하거나 취득가액을 증가시킬 수 있음.
	상속세	상속세가 많이 나올 것으로 예측되면 사전증여를 선택.

02

부동산 세제는 어떤 식으로 작동하고 있을까?

최근 증여가 많이 발생하는 이유 중 하나를 꼽으라면 단연코 부동산 세제의 강화가 아닌가 싶다. 부동산 부자들에게 세제가 강화되면 이에 대한 돌파구로 처분이나 증여 등으로 대응하기 때문이다. 특히 최근의 보유세 강화는 증여를 선택하는 직접적인 동기가 되고 있다.

1. 부동산 세제의 개편

최근 정부의 부동산 세제정책은 모든 거래단계에서 세제를 강화하고 있는 것이 큰 특징이다. 다만, 2022년 5월 새 정부에서는 이렇게 강화된 세제들을 선별적으로 완화할 예정이다. 예를 들어 2022년 5월 11일부터 1년간 양도세 중과세를 한시적으로 폐지하는 것이 대표적이다. 그 외 자세한 내용들은 향후 개편되는 내용들을 참조해야 한다.

구분	내용	비고
취득세	· 1주택자 : 1~3% · 2주택 이상 자[1] : 8~12%	다주택자에 대한 취득세 중과세 도입 (무주택자 및 다주택자 부담 완화추진)
종부세	· 1주택자 : 0.6~3.0% · 2주택 이상 자 : 1.2~6.0%	다주택자에 대한 종부세 중과세 도입 (다주택자 부담 완화추진)
양도세	· 1주택자 : 비과세 유지 · 2주택 이상 자 : 기본세율+20~30%p 가산	다주택자에 대한 양도세 중과세 도입 (2022. 5. 11~2023. 5. 10 한시적 중과세 적용배제)

이러한 세금인상은 급격한 수익률 하락을 가져올 가능성이 높다. 그만큼 재산관리에 불똥이 떨어진 것은 분명하다.

2. 취득세의 강화

2020년 8월 12일 이후부터 다주택자와 법인 등에 대한 취득세가 다음과 같이 인상되었다(새 정부안 : 무주택자 취득세 감면 확대, 다주택자 누진세율 일부 조정).

구분			내용	
유상취득	개인	1주택 (일시적 2주택 포함)	주택 가액에 따라 1~3%	
		2주택	조정지역 8%	비조정지역 1~3%
		3주택	조정지역 12%	비조정지역 8%
		4주택 이상		비조정지역 12%
	법인		12%	
증여취득	개인·법인		· 원칙 : 12% · 예외 : 3.5%	

1) 일시적 2주택자는 1주택자에 준해 세법을 적용한다.

부동산을 증여받으면 취득세를 부담해야 한다. 따라서 취득세 부담이 커지면 증여의 개연성이 줄어들 가능성이 높다.[2)]

3. 보유세(종부세)의 강화

보유세 중 국세인 종부세는 다주택자 및 법인을 대상으로 세제가 한층 강화되었다(새 정부안 : 공시가격 인하, 세부담 상한율 300%를 200%로 하향 조정 등).

구분	개인	법인
기본공제액	· 1주택 : 11억 원 · 이외 : 6억 원	공제 없음.
세율	· 일반세율 : 0.6~3.0% · 중과세율 : 1.2~6.0%	· 일반세율 : 3.0% · 중과세율 : 6.0%
세부담 상한율	· 일반 : 150% · 이외 : 300%(새 정부안 : 200%)	없음.

개인의 경우 한 개인이 조정대상지역(조정지역)[3)] 내에서 2주택을 보유하고 있거나, 전국에 걸쳐 3주택 이상을 보유하고 있는 경우 중과세율에다 세부담 상한율 300%가 적용된다. 이에 반해 법인은 조정지역 내에서 2주택 등을 보유하고 있으면 6%가 적용되는 한편 세부담 상한율을 적용하지 않는다.

2) 2023년 시가를 기준으로 취득세가 과세될 것으로 보인다.
3) 조정대상지역은 세법상 상당히 중요한 지역으로 지정 및 해제현황은 '대한민국 전자관보' 홈페이지를 통해 수시로 조회할 수 있다.

→ 종부세는 고가의 다주택을 보유하고 있으면 1.2~6.0%까지 부과되므로 세부담이 상당히 부담스러울 가능성이 높다. 따라서 이에 해당하는 층은 양도나 증여 등을 할 유인을 갖게 된다.

4. 양도세의 강화

양도세는 부동산을 처분했을 때 발생하는 세금에 해당한다. 최근 정부의 세제정책에서는 보유세와 함께 양도세를 동시에 강화하는 안을 선보였다(새 정부안 : 양도세 중과세 한시적 적용배제 등).

구분	내용	비고
① 1세대 1주택 (일시적 2주택 포함)	비과세 기조 유지	단, 고가주택에 대한 혜택 축소
② 1세대 2주택 이상	· 2주택 중과세 : 기본세율 +20%(26~65%) · 3주택 중과세 : 기본세율 +30%(36~75%)	

주택에 대한 중과세는 주로 다주택 보유상태에서 조정지역 내의 주택을 처분하면 적용되는데, 3주택 중과세의 경우 최고 75%(지방소득세 포함 시 82.5%)까지 부과되고 있다.

→ 앞에서와 같이 양도세율이 높으면 양도하는 것이 쉽지 않다. 이러한 이유로 양도 대신 증여를 선택하는 경우가 많다. 만일 중과세제도가 해제되면 증여의 유인이 감소될 가능성도 있다.

※ 저자 주

앞의 내용으로 보건대 최근 가족 간에 증여가 많이 발생한 이유를 간단히 정리해보면 다음과 같다.

· 1차적인 이유 : 보유세의 증가
· 2차적인 이유 : 높은 양도세로 인해 양도 포기 → 그 대신 증여 선택

새 정부에서 양도세 중과세를 한시적(2022년 5월 11일부터 1년간)으로 적용배제하면 이 기회를 활용해 증여 대신 양도하는 일들이 늘어날 가능성이 높다. 하지만 최근 가격 상승에 따라 중과세가 적용배제되더라도 여전히 많은 양도세가 발생해 매도하는 것을 주저할 가능성도 배제하기가 힘들 것으로 보인다. 이렇게 본다면 새 정부에서 다주택자에 대한 보유세 정책을 어떤 식으로 펼칠 것인지의 여부가 관심사가 될 것으로 보인다. 보유세가 과중하면 어쩔 수 없이 매도를 하게 될 것이고 아니면 보유 또는 증여를 선택할 가능성이 높기 때문이다. 새 정부의 세제정책은 수시로 발표될 수 있는데 그때마다 저자가 운영하고 있는 카페(네이버 신방수세무아카데미)와 함께 하기 바란다.

03
증여하면 앞의 세제는 어떤 식으로 바뀔까?

퇴로가 없는 상태에서 보유세가 급증함에 따라 증여를 선택하는 일들이 자주 일어나고 있다. 그렇다면 증여를 선택하면 앞에서 본 세제들에서 어떤 변화가 있을까? 오래 생각하지 않더라도 증여도 자산이전 또는 취득의 한 수단이므로 취득세부터 상속세까지 다양한 변화를 겪을 수밖에 없을 것이다. 구체적인 것들은 순차적으로 알아보고 다음에서는 대략적으로 알아보자.

1. 취득세 수증자 3.5% → 12%로 인상

개인 등이 주택을 증여받게 되면 증여세와 취득세를 내야 한다.

1) 증여세

증여세는 증여재산가액에서 증여재산공제를 적용한 과세표준에

10~50%의 세율로 과세된다. 증여세는 증여재산가액을 어떤 식으로 정하느냐에 따라 세금의 크기가 결정된다. 최근에는 주택을 포함한 상가나 빌딩 등 모든 부동산 증여에 대해 감정가액으로 신고하는 일들이 많아졌다.[4)]

2) 취득세

2020년 8월 12일 이후부터 개인이나 법인 등이 증여를 받으면 취득세율을 최고 12%까지 부과할 수 있도록 법이 개정되었다. 구체적으로 조정지역 내서 주택을 증여하면 취득세가 12%까지 적용된다. 다만, 무조건 이를 적용하는 것이 아니라 기준시가가 3억 원 이상인 주택에 해당되어야 한다. 한편 증여자가 1세대 1주택자에 해당하는 경우에는 취득세 중과세를 적용하지 않는다. 따라서 가족 간에 증여에 의한 취득세가 12%로 적용되기 위해서는 증여자(1세대)가 기본적으로 2주택 이상 자에 해당되어야 한다. 이처럼 취득세가 인상되면 증여하는 것이 결코 쉽지 않을 가능성이 높아진다.

2. 종부세 증여자 → 종부세 감소, 수증자 → 종부세 증가

개인이 보유한 주택 등을 배우자나 자녀 등에게 증여하면 당연히 종부세에도 영향을 준다. 현행 종부세는 개인별로 과세되기 때문이다. 따라서 증여자는 과세표준이 감소하기 때문에 종부세가 줄어들 가능성이 높으나, 수증자는 과세표준이 증가하기 때문에 종부세

---

4) 부록에서 증여재산가액의 평가와 관련된 내용들을 정리하고 있다.

가 늘어날 가능성이 높다. 특히 수증자의 경우에는 주택 수의 증가로 종부세 중과세의 가능성이 열려 있다. 주택 수가 2주택 이상이면 중과세가 적용될 수 있기 때문이다.

3. 양도세 증여자 → 양도세 변화 제한적, 수증자 → 양도세 과세방식에 많은 영향

주택을 증여함에 따라 발생하는 양도세는 증여자와 수증자에게 다양한 영향을 준다. 이들의 관점에서 어떤 영향들이 있는지 대략적으로 점검해보자.

1) 증여자

1세대가 보유한 주택을 누구에게 증여하느냐에 따라 양도세 과세문제가 달라진다.

① 같은 세대원에게 증여하는 경우

배우자 등 같은 세대원에게 증여하는 경우에는 주택 수가 감소되지 않으므로 양도세에 별다른 영향을 주지 못한다. 다만, 증여자에게 적용되는 다양한 감면혜택이 증여로 인해 소멸되는 경우가 많다.

② 다른 세대원에게 증여하는 경우

세대가 분리된 자녀 등에게 증여하는 경우에는 주택 수의 감소가 일어난다. 따라서 증여자는 증여한 주택을 제외한 주택을 가지고 양도세 비과세나 과세판단을 하게 된다.[5)]

2) 수증자

수증자는 증여일을 기준으로 주택을 취득하게 되므로 주택 수가 증가하게 된다. 따라서 이를 기점으로 다음과 같이 비과세나 과세 판단을 하게 된다.

① 해당 주택이 1세대 1주택에 해당하는 경우

증여로 받은 주택이 소득세법 시행령 제154조에서 정하고 있는 1세대 1주택에 해당하고, 비과세 요건(2년 보유 및 거주 등)을 갖추었다면 비과세가 성립된다. 따라서 이 경우에는 증여받은 후 5년을 기다리지 않아도 된다. 착각하기 쉬운 내용에 해당한다.

② 비과세가 성립되지 않는 경우

비과세가 성립되지 않으면 과세가 되는데, 이때 취득가액 이월과세제도에 유의해야 한다. 세법은 특수관계인 간에 증여를 거쳐 취득한 부동산과 권리 등을 증여일로부터 5년 내 양도하면, 증여자가 취득한 가액을 이월시켜 과세하기 때문이다.

4. 상속세 증여자 → 상속세 감소, 수증자 → 상속세 증가

상속세는 개인이 보유한 재산에 대해 부과되므로 증여가 발생하면 증여자와 수증자의 상속세에 영향을 준다.

---

5) 이때 증여 후 남은 1주택에 대한 2년 보유기간 등은 1주택을 보유한 날로부터 기산을 하게 된다. 2021년에 새롭게 선보인 제도에 해당한다.

1) 증여자

증여자는 재산이 줄어들게 되므로 상속세가 줄어들 가능성이 높다. 하지만 세법은 상속세 회피를 위해 사전증여하는 것을 차단하기 위해 '10년(5년) 누적합산과세'제도를 운영하고 있다.

① 증여자가 증여 후 10년(5년) 내 사망한 경우

증여자가 증여한 후 10년(비상속인은 5년) 내 사망하면 사전에 증여한 재산가액을 상속재산가액에 포함시켜 상속세를 정산한다. 상속세 누진과세를 회피하는 것을 방지하기 위한 조치에 해당한다.

② 증여자가 증여 후 10년(5년) 뒤에 사망한 경우

증여자가 증여한 후 10년(비상속인은 5년) 후에 사망하면 사전에 증여한 재산가액은 상속재산가액에 포함시키지 않는다.

2) 수증자

수증자는 재산이 증가하므로 상속세가 늘어나는 것이 일반적이다.

04 증여를 서둘러야 하는 이유는?

증여하면 증여세와 취득세 등이 발생하고 세금관계에도 다양한 영향을 미침에도 불구하고 이에 대한 관심사는 여전하다. 그런데 최근 증여를 둘러싼 세제환경이 점점 과세를 강화하는 쪽으로 움직이고 있어 사전증여의 필요성이 제기되고 있다. 왜 그런지 몇 가지를 살펴보자.

첫째, 취득세 과세표준이 인상된다.

오는 2023년 이후부터는 증여에 따른 취득세 과세표준이 시가표준액(기준시가)에서 시가상당액으로 인상된다(확정됨). 예를 들어 시가 10억 원이고 시가표준액이 5억 원인 부동산을 증여하면, 증여세는 10억 원에 맞춰 취득세는 5억 원에 맞춰 과세되고 있지만, 이날 이후에는 10억 원에 맞춰 취득세를 과세한다는 것이다. 이렇게 취득세 과세표준이 인상되면 취득세가 2배 이상 증가할 가능성이 높아진다. 특히 주택의 경우에는 취득세 중과세율에다 과세표준 인상이 맞물리면 증여 자체가 힘들어질 가능성이 높아진다.

※ 취득세 개정안 분석 사례

〈자료〉
· 시가 : 10억 원
· 시가표준액(기준시가) : 5억 원
· 전세보증금 : 5억 원
· 순수증여 시의 취득세율 : 12%
· 부담부증여 시 전세보증금에 대한 취득세율 : 1%

| 사례1 | 앞의 주택을 자녀에게 증여한 경우의 취득세

현행	개정안
시가표준액 5억 원×12%=**6천만 원**	시가 10억 원×12%=**1억 2천만 원**

| 사례2 | 앞의 주택을 자녀에게 전세보증금을 포함해 증여(부담부증여) 한 경우

현행	개정안
· 부담부증여가액 중 부채 부분 : 전세보증금 5억 원×1%=500만 원 · 부담부증여가액 중 증여 부분 : (시가표준액 5억 원-전세보증금 5억 원)×12% =0×12%=0원	· 부담부증여가액 중 부채 부분 : 전세보증금 5억 원×1%=500만 원 · 부담부증여가액 중 증여 부분 : (시가 10억 원-전세보증금 5억 원)×12% =5억 원×12%=6천만 원
계 500만 원	계 6,500만 원

둘째, 증여세도 인상될 가능성이 늘 열려 있다.

현재 세대를 생략한 경우 상속세와 증여세에서 30~40%의 할증과세가 적용되지만, 향후 세법 개정을 통해 일정한 주택증여에 대해서도 이 제도가 도입될 가능성이 있다. 예를 들어, 다주택자가 조정지역 내의 기준시가 3억 원 이상의 주택을 자녀 등에게 증여하면 본래의 증여세율 10~50%에 10%p를 더하는 식이 될 수 있다.

셋째, 10년 합산과세가 있다.

상속이 발생하면 상속개시일 당시의 재산에 대해서만 상속세가 부과되는 것이 아니라 소급해 10년(상속인 외의 자는 5년) 내의 사전증여재산도 상속재산에 합산되어 과세된다. 따라서 이러한 문제를 예방하기 위해서는 사전증여의 필요성이 요구된다.

이외에도 부동산 가격이 증가하는 것도 상당히 중요한 이유가 된다. 현재 대부분의 세제들이 시가를 기반으로 과세되고 있기 때문이다. 예를 들어 현재 아파트 한 채 값이 10억 원이 넘는 경우가 많은데 이 아파트 한 채만 있는 상태에서 상속이 발생하더라도 상속세가 부과될 가능성이 높아진다. 따라서 이러한 문제를 예방하기 위해서라도 사전증여 등의 필요성이 제기된다.

Tip 증여 관련 정부의 세제개편안 요약

부동산 중 주택의 증여에 대한 세제가 점점 강화될 가능성이 높다.

- **취득세 과세표준 인상** : 2023년부터 시가표준액(기준시가)에서 시가로 인상될 예정이다.
- **증여세율 인상** : 특정한 주택의 증여에 대해서는 할증과세의 방식으로 증여세가 인상될 가능성도 열려 있다.

05

증여 전에 주의해야 할 세무상 쟁점들은?

최근 증여와 관련해 다양한 입법들이 있었다. 따라서 독자들이 증여를 하기 전에 다음과 같은 내용들에 대해서도 관심을 둘 필요가 있을 것으로 보인다.

첫째, 증여에 따른 취득세중과세가 도입되었다.

다주택자가 보유한 주택을 시장에 공급하는 것을 유도하기 위해서는 증여로 가는 것을 억제할 수밖에 없을 것이다. 이에 정부는 최근 주택을 증여받으면 최대 12%로 취득세를 부과할 수 있게 법을 개정시켰다. 예를 들어 시가표준액이 5억 원인 주택에 12%의 세율이 적용되면 취득세는 6천만 원이 된다.

→ 2023년부터 취득세 과세표준이 상승한다. 따라서 이 제도가 도입되면 증여하는 것이 사실상 힘들어질 가능성이 높다.

둘째, 기준시가로 증여세 신고가 사실상 불가능하게 되었다.

증여세나 상속세는 시가로 신고하는 것이 원칙이다. 그런데 시장에서 거래되지 않는 부동산의 시가를 발견하기란 대단히 힘들다. 그래서 얼마 전까지 시가가 잘 잡히지 않는 상가·빌딩이나 토지, 단독주택 같은 부동산은 기준시가로 신고하는 일이 잦았다. 하지만 최근 과세관청은 세법을 개정해 기준시가로 신고된 가액을 감정평가액으로 과세할 수 있도록 하는 제도를 도입했다. 따라서 앞으로 부동산을 상속이나 증여할 때에는 원칙적으로 감정을 받아 진행해야 할 것으로 보인다(부록 참조).

→ 감정가액으로 신고를 하게 되면 당연히 증여세나 상속세 등이 증가하게 된다. 또한 2023년부터 취득세도 증가할 가능성이 높다.

셋째, 증여 후 남은 1주택을 바로 양도하면 비과세가 적용되지 않게 되었다.

다주택자가 1세대 1주택 또는 일시적 2주택을 만들어 양도세 비과세를 받기 위해 증여를 선택하는 경우가 많다. 하지만 2021년부터 증여 후에 남은 주택을 바로 양도하면 비과세가 적용되지 않을 가능성이 높다. 비과세를 위해서는 2년 보유요건을 충족해야 하는데, 이 기간을 산정할 때 다주택 보유기간을 제외하기 때문이다. 따라서 다주택자들은 주택 수를 잘 조절해야 이러한 문제점들이 없어진다는 점에 유의해야 한다.

→ 증여도 주택 수의 분산 수단에 해당한다. 따라서 증여로 주택 수를 줄인 후 비과세를 받을 때에는 1주택만 보유한 날로부터 2년 이상을 새롭게 보유해야 한다는 점에 항상 유의해야 한다.

넷째, 증여로 인해 감면혜택이 소멸되는 경우도 있다.

소득세법이나 조특법 등에 따라 다양한 조세감면 혜택을 받던 중에 해당 부동산을 배우자나 자녀에게 증여하는 경우가 있다. 그렇다면 이때 증여자에게 적용되는 조세감면 혜택이 수증자에게 승계될까? 아니다. 현행 세법은 당초 감면대상자를 대상으로 적용하고 있기 때문이다. 따라서 증여로 재산을 이전하는 경우 이러한 점에 특별히 주의할 필요가 있다.

다섯째, 증여를 받아 임대등록을 하는 경우 혜택이 배제되는 경우도 있다.

2018년 9월 14일 이후에 조정지역에서 주택을 증여받아 임대등록하는 경우 종부세 합산배제를 적용받지 못하는 한편, 양도세 중과세를 계속 적용받게 된다. 2018년 9·13대책에서 이를 정했기 때문이다.

여섯째, 증여에 의해 부가가치세가 발생하는 경우도 있다.

부가가치세가 과세되는 상가나 빌딩을 처분하면 부가가치세가 발생하는 것이 원칙이다. 그렇다면 사업용 건물을 증여하면 증여세가 발생할까? 이에 대해 과세관청은 부가가치세가 과세된 재화를 사업상 증여하면 부가가치세가 부과된다고 한다. 법리적으로 논

란이 있는 것으로 실무에서는 전문세무사를 통해 확인하기 바란다.

일곱째, 부담부증여를 선택할 경우에는 부채의 조건 등에 유의해야 한다.

부담부증여가 세부담 측면에서 다소 유리할 수 있으나 예기치 못한 쟁점들이 발생할 수 있다. 대표적으로 부담부증여 시 부채가 인정되는지의 여부, 부가가치세 과세 여부 등이 이에 해당한다. 특히 토지와 건물 중 건물만을 증여하거나 지분으로 부담부증여하는 경우에는 포괄양수도계약에 해당하지 않아서 부가가치세가 발생한다는 사실도 미리 알아두면 좋을 것으로 보인다. 다음 예규를 참조하길 바란다.

※ 예규 : 사전-2016-법령해석부가-0145(2016. 4. 18)

부동산 임대업을 영위하는 사업자가 과세사업에 사용하던 부동산을 도·소매업을 영위하는 자녀에게 임대하다가 무상으로 증여하고, 자녀는 해당 부동산에서 계속하여 도·소매업을 영위하는 경우 부가가치세가 과세되는 것이며, 시가를 과세표준으로 하여 세금계산서를 발급하는 것임.

| 심층분석 | 부동산 가격의 종류와 세목별 재산평가법

부동산 세제를 다룰 때 가장 중요한 것 중의 하나가 바로 과세표준을 어떤 식으로 정하느냐 하는 것이다. 과세표준이 어떤 식으로 정해지느냐에 따라 세금의 크기가 달라지는 경우가 많기 때문이다. 이하에서는 부동산 가격의 종류를 살펴보고 세목별로 과세표준의 근거가 되는 부동산에 대한 가격이 어떤 식으로 정해지고 있는지 알아보자.

1. 부동산 가격의 종류

1) 시가

시가는 시장에서 수요자와 공급자 간의 자유의사에 따라 거래되는 실제 거래된 가격(실거래가)을 말한다. 대부분의 세목은 시가과세를 원칙으로 하고 있다. 참고로 상속세나 증여세 등에서는 다음과 같은 가격도 시가의 범주에 포함시키고 있다.

· 매매사례가액 : 당해 상속이나 증여재산과 유사한 재산의 거래가액
· 감정평가액 : 공인 감정평가사들이 적법하게 평가한 가액

2) 공시가격

정부가 토지와 건물에 대해 조사 · 산정해 공시하는 가격을 말한다. 주택의 경우 단독주택은 개별주택가격, 공동주택은 공동주택가격, 토지는 개별공시지가가 이에 해당한다.

3) 시가표준액

시가표준액은 취득세나 재산세 같은 지방세를 부과하기 위한 기준금액으로, 지방세법 제4조 제1항에서는 이를 부동산 가격공시에 관한 법률에 따라 공시된 가액으로 한다고 하고 있다.

4) 기준시가

기준시가는 소득세나 증여세 같은 국세를 부과할 때 사용하는 개념으

로, 소득세법 제99조에서는 토지의 경우 부동산 가격공시에 관한 법률에 따른 개별공시지가, 주택의 경우 같은 법률에 따른 개별주택가격 및 공동주택가격을 말한다고 하고 있다.[6)]

2. 세목별 과세표준 산정 원칙

세목별로 과세표준을 어떤 식으로 정하고 있는지 알아보자.

1) 시가로 과세하는 세목

· 국세 : 소득세(양도세 포함), 법인세, 상속세, 증여세
· 지방세 : 취득세(유상)

2) 기준시가 또는 시가표준액으로 과세하는 세목

· 국세 : 종부세
· 지방세 : 취득세(무상), 재산세

3) 세목별 과세표준

① 증여세(상속세)

증여세(또는 상속세)는 부동산의 무상이전에 대해 부과되는 국세로, 다음과 같은 방식으로 재산가액을 산정해 과세표준을 정하고 있다.

· 원칙 : 시가
· 예외 : 보충적 평가법(기준시가)

→ 증여세나 상속세의 경우 시가에는 다음과 같은 것들도 포함하고 있다.

· 평가기간(증여일 전 6개월~증여일 후 3개월 등) 내 발견된 해당 재산이나 유사한 재산[7)]의 매매가액, 감정가액, 수용가액 등
· 평가기간 밖에서 발견된 해당 재산이나 유사한 재산의 매매가액,

---

6) 실무에서는 공시가격, 기준시가, 시가표준액을 같은 의미로 사용하고 있다.
7) 공동주택(아파트 등)은 평가기간 내 거래된 당해 아파트와 같은 단지에 속하고

감정가액, 수용가액 등

② 양도세

양도세는 부동산의 유상이전에 대해 부과되는 국세로, 다음과 같이 양도가액과 취득가액을 정하고 있다.

· 양도가액 : 시가 원칙
· 취득가액 : 시가 원칙, 예외 취득가액 환산가액 등

→ 환산가액은 실제로 취득한 가액이 불분명한 경우 다음과 같이 취득가액을 정하는 것을 말한다.

$$\cdot \text{ 취득가액 환산가액} = \text{실제 양도가액} \times \frac{\text{취득시 기준시가}}{\text{양도시 기준시가}}$$

참고로 양도가액을 기준시가로 산정한 경우에는 취득가액도 기준시가로 산정해야 한다. 이러한 정보는 향후 부담부증여로 받은 부동산을 양도할 때 필요하다.

③ 취득세

취득세는 부동산의 취득사실에 기초로 과세되는 지방세로, 다음과 같이 과세표준을 정하고 있다.

· 유상승계 취득 : Max[실거래가, 시가표준액][8)]
· 무상취득 : 시가표준액

→ 참고로 2023년 이후부터 무상취득에 대한 취득세 과세표준이 시

면적과 기준시가가 ±5% 이내의 아파트를 말한다. 참고로 여러 개의 유사한 재산이 있는 경우에는 증여하고자 하는 아파트와 기준시가 차이가 가장 작은 아파트를 말한다. 국세청 홈택스 '상속·증여재산 평가하기' 메뉴를 활용하면 쉽게 찾을 수 있다.

8) 유상승계 취득의 경우 실제 거래가액이 시가표준액보다 낮으면 시가표준액이 과세표준이 된다.

가표준액에서 시가상당액으로 증여세(상속세) 재산가액과 일치될 것으로 보인다.

④ 보유세

보유세는 재산세와 종부세를 말하는데, 이들에 대해서는 시가표준액과 기준시가를 기준으로 과세되고 있다. 시가를 기준으로 보유세를 부과하는 것은 기술적으로 가능하지 않기 때문이다.

Tip 증여재산가액 찾는 방법

가족 간에 증여를 하거나 매매를 할 때 가장 먼저 챙겨야 할 것은 바로 해당 재산에 대한 시가를 파악하는 것이다. 이를 파악해야 증여세를 예측해볼 수 있고, 매매가액을 정할 수 있기 때문이다. 이하에서 이에 대해 알아보자.

1. 매매사례가액으로 확인하는 방법

매매사례가액은 증여하고자 하는 부동산의 시가와 가장 유사한 재산의 거래가액을 말한다. 해당 재산의 시가를 다른 재산으로부터 파악하는 방법에 해당한다. 실무에서는 통상 다음 1)의 방법을 사용한다.

1) 국세청 홈택스에서 확인하는 방법

국세청 홈택스에서는 증여하고자 하는 재산과 유사한 재산의 거래가액에 대한 정보를 제공하고 있다.

※ 찾는 절차

· **홈페이지 접속 등**
국세청 홈택스 접속 → 공인인증서 등으로 로그인 → 조회/발급 → 세금신고 납부 → 상속·증여재산 평가하기

· **매매사례가액 확인**
재산종류 선택 → 세목·평가기준일·소재 등을 입력해 매매사례가액 확인

→ 앞의 절차에 따라 작업을 하면 다음과 같이 유사한 재산의 거래가액에 관한 정보를 얻을 수 있다. 다음의 순번 1은 증여(상속)재산과 가장 가까운 날에 거래된 것으로 이 금액을 증여재산가액으로 삼는 것이 원칙이다. 만일 같은 날 2건 이상의 거래가액이 발생하면 이를 평균해야 한다.

※ 유사매매 시가(평가기간 내 유사물건)

순번	(유사) 재산	매매 계약일	매매 가액	고시 일자	기준 시가	총면적	전용 면적	지분 양도 여부
1								
2								
3								

☞ 이 화면에서 조회되는 가격은 계약일로부터 30일 내 등재된 것들로 증여일 현재의 시가와는 동떨어질 수 있다. 따라서 이곳에서 조회된 가격으로 신고하더라도 향후 신고가액이 수정될 수 있음에 유의해야 한다.

2) 국토부 실거래가 메뉴에서 확인하는 방법

국토부 실거래가 메뉴에서 증여재산과 유사한 재산을 찾아 이의 거래금액을 증여재산가액으로 삼는 것을 말한다.

※ 찾는 절차

· 국토교통부 실거래가공개시스템 홈페이지 접속 → 아파트 선택 → 주소 등 입력해 실거래가 조회

→ 앞의 절차에 따라 작업을 하면 다음과 같이 유사한 재산의 거래가액에 관한 정보를 파악해준다. 그런데 이 국토부 자료는 계약일자와 면적 정도만 공개되어 앞의 국세청에서 제공하는 정보보다는 열악하다고 평가되고 있다. 따라서 실무적으로는 참고자료로만 사용하는 경우가 일반적이다.

· 20OO년 O월

전용면적(㎡)	계약일	해제사유	거래금액(만 원)	층	건축년도

2. 감정가액으로 확인하는 방법

감정가액은 가격평가에 전문성을 가진 감정평가사에 의해 평가된 가액으로 세법에서는 폭넓게 이의 가격을 인정하고 있다.

1) 탁상 감정가액

탁상 감정가액은 실제 감정에 앞서 대략적인 정보만 가지고 평가한 가액을 말한다. 세법상 효력이 없다.

2) 정식 감정가액

정식적인 절차에 따라 평가된 감정가액을 말한다. 상속세 및 증여세법(상증법)에서는 해당 부동산의 기준시가가 10억 원 이하인 경우에는 1개의 감정가액도 인정한다. 이외는 2개 이상의 감정가액이 필요하며 이때 이를 평균해야 한다.

☞ 증여하고자 하는 부동산에 대해 감정평가를 받으면 해당 금액이 시가로 정해진다. 세법에서는 이 금액을 유사재산의 매매가액 등보다 우선적으로 사용하도록 하고 있기 때문이다. 따라서 감정평가를 받아 실무처리를 하면 세무상 쟁점들이 대부분 소멸하게 된다.

3. 기타

만일 유사매매사례가액이 없거나 감정평가를 받지 않으면 가격은 어떻게 확인할까? 이때에는 부득이 기준시가로 평가할 수밖에 없으나 다음과 같은 특례가 있다.

1) 사실상 임대차계약이 체결되거나 임차권이 등기된 재산

이 경우에는 다음과 같은 금액으로 평가한다. 그리고 이렇게 평가한 금액과 기준시가를 비교해 둘 중 큰 금액으로 평가한다.

· (1년간의 임대료÷기획재정부령으로 정하는 율 12%) + 임대보증금

→ 여기서 유의할 것은 앞과 같은 규정에 따라 재산을 평가해 상속세나 증여세를 신고했다고 해도 과세관청에서 감정평가를 받아 이를 기준으로 과세할 수 있음에 늘 유의해야 한다.

2) 저당권 등이 설정된 재산

저당권 등이 설정된 재산의 경우에는 당해 재산이 담보하는 채권액과 기준시가 중에서 큰 것으로 평가를 한다. 물론 매매사례가액이나 감정가액이 있다면 이들 중 가장 큰 금액으로 평가를 한다.

→ 부담부증여 시 기준시가가 1억 원이고, 금융기관 채무액이 2억 원이라면 이 둘 중 큰 2억 원이 증여재산가액이 된다는 것이다. 자세한 내용은 뒤에서 살펴볼 것이다.

제 2 장

수증자의 세금분석

01

수증자가 맞닥뜨리는 세무상 쟁점들은?

일반적으로 증여는 증여자의 의도에서 이루어진 경우가 많다. 증여자의 세부담 감소, 대물림 등을 위해 발생하기 때문이다. 따라서 수증자는 수동적인 위치에서 재산을 취득하게 된다. 이 과정에서 수증자는 취득세나 증여세를 부담하게 된다. 물론 재산이 증가되었으므로 보유세 등을 부담해야 한다. 그리고 이를 양도할 때에는 세무상 쟁점들이 발생할 가능성이 높다. 이하에서 수증자가 맞닥뜨리는 세무상 쟁점들을 정리해보자.

1. 일반증여의 경우

부동산을 채무를 포함하지 않는 상태에서 일반증여로 받으면 수증자는 다음과 같은 세금들을 부담하게 된다.

1) 증여세

증여세는 증여재산가액에서 증여재산공제(배우자 6억 원, 성년자 5천만 원, 미성년자 2천만 원 등)를 적용한 과세표준에 10~50%의 세율로 부과받는 국세에 해당한다. 증여세는 시가로 재산가액을 정하게 되며, 10년 내 동일인(부부는 동일인으로 간주)으로 증여를 수회 받으면 이를 합산해 세금을 정산해야 한다.

2) 취득세

취득세는 무상취득에 따라 시가표준액에 3.5% 또는 12%로 내는 지방세에 해당한다.

3) 기타

주택 등을 증여받게 되면 다음과 같은 항목에도 영향을 준다.

· 종부세가 증가할 수 있다.
· 임대소득세가 증가할 수 있다.
· 양도세는 상황에 따라 내용이 달라진다.

→ 수증자의 입장에서는 양도세에서 가장 많은 세무상 쟁점들이 발생하고 있다.

2. 부담부증여의 경우

채무와 함께 이전되는 증여(부담부증여)에서는 한 거래에서 증여와 양도의 두 가지 형태가 발생한다. 그 결과 다음과 같이 세금관계가 형성된다.

1) 증여분

수증자에게 증여세와 취득세가 발생하나 채무액이 증여재산가액에서 차감되므로 증여재산가액이 축소되어 증여세와 취득세가 줄어든다. 기타 세무상 쟁점들은 앞의 1에서 본 것과 같다.

2) 양도분

부담부증여 중에 '양도'에 해당하는 부분에 대해서는 증여자가 양도세를 내야 한다. 이때 소득세법에서 정한 시가에 미달하게 양도하면 소득세법상 부당행위계산부인제도가 적용된다.

· 양도세가 발생한다.
· 시가보다 낮게 양도하면 소득세법상 부당행위계산부인제도가 적용된다.

이하에서는 주로 1의 내용 중 종부세와 양도세 정도에 맞춰 다양한 세금영향을 분석해보고자 한다. 부담부증여에 대한 세금분석은 장을 달리해 살펴보고자 한다.

※ 저자 주

자녀에게 현금을 증여해 부동산을 취득하게 하는 경우에는 자금조달계획서를 제출해야 하고, 이후 출처조사 등이 기다리고 있으므로 현금증여에 대해서는 증여세 신고를 하는 것이 좋을 것으로 보인다.

02

증여세 과세방식은?

증여를 받으면 우선적으로 증여세와 취득세를 부담해야 한다. 그런데 이 중 증여세는 국세의 하나로 증여재산가액에서 증여재산공제를 차감한 과세표준에 10~50%의 세율을 곱해 계산한다. 따라서 증여세는 증여재산가액의 산정과 증여재산공제를 어떤 식으로 받느냐가 이의 크기를 결정하게 된다. 이하에서 증여세 계산구조를 전체적으로 한번 보고 주요 요소에 대해 알아보자.

1. 증여세 계산구조

증여세는 다음과 같은 흐름에 따라 계산된다.

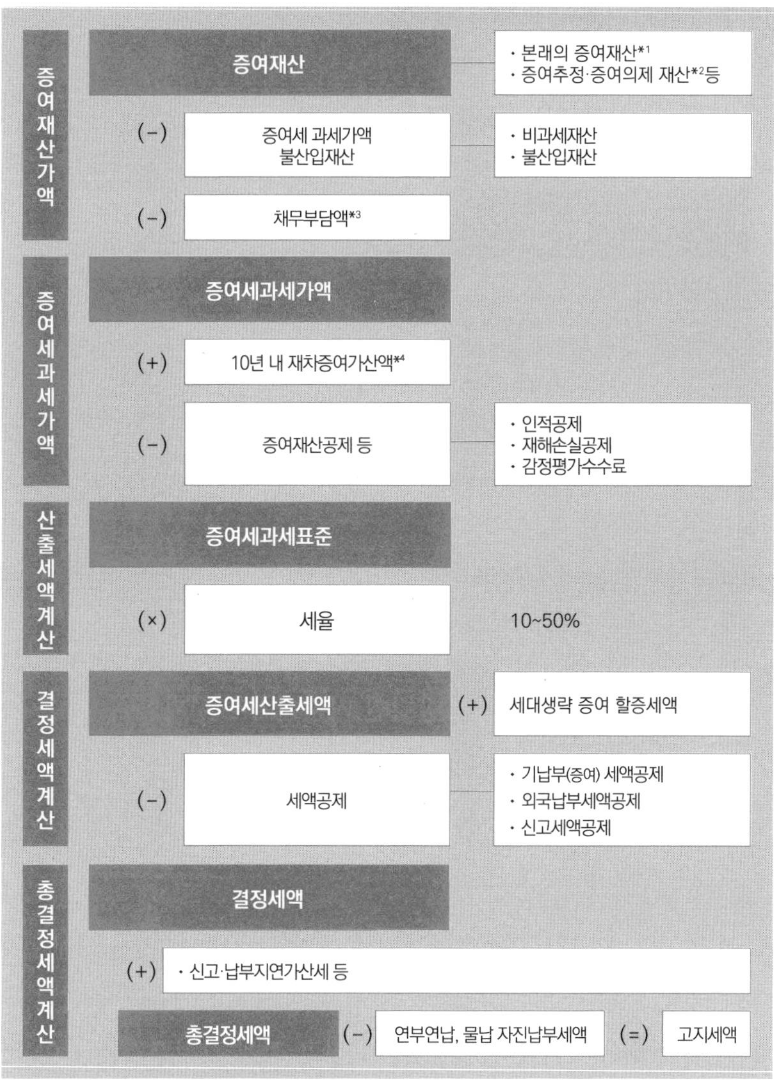

*1 : 본래의 증여재산은 증여에 의해 발생하는 모든 재산을 말한다. → 최근에는 완전포괄주의에 의해 과세의 범위가 확대되었으므로 사전에 이에 대한 검토를 폭넓게 진행할 필요가 있다.

*2 : 증여추정제도, 명의신탁증여의제제도 등에 의해서도 증여재산으로 볼 수 있다. → 증여추정 등은 과세관청의 조사 등에 의해 증여로 과세되는 경우가 일반적이다. 미리 조심할 필요가 있다.

*3 : 부채와 함께 증여를 하는 부담부증여 시 부채는 증여재산가액에서 차감된다(부채는 유상양도에 해당). → 부담부증여 시 공제되는 채무의 조건 등에 유의해야 한다.

*4 : 동일인(부부는 동일인에 해당)으로부터 10년 이내 증여받은 재산가액을 말한다.→합산과세가 적용되므로 이를 누락하지 않도록 한다.

2. 증여세 크기를 결정하는 변수들

1) 증여세 과세가액

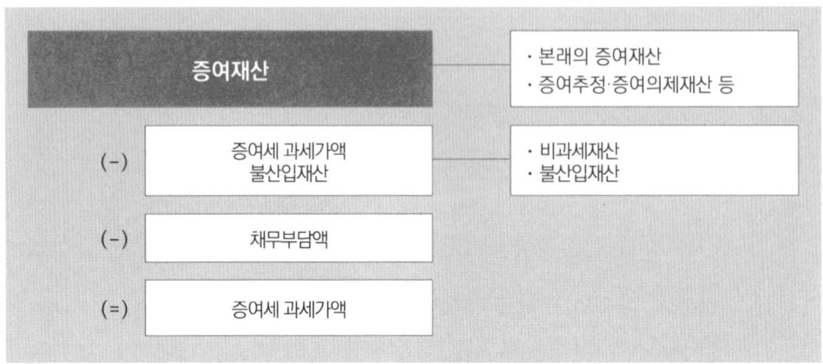

증여세 과세가액은 본래 증여재산의 가액에서 비과세와 채무부담액을 차감해 계산한다. 이때 가액은 통상 시가로 평가하되 시가가 없는 경우에는 보충적인 방법인 기준시가로 평가할 수 있다. 여기서 시가는 다음의 것들을 포함한다.

· 평가기간(증여일 전 6개월~증여일 후 3개월 등) 내의 매매가액, 감정가액 등

→ 참고로 시가가 없어 기준시가로 증여재산가액을 신고하면 과세관청에서 감정평가를 받아 이 금액으로 증여세를 추징할 수 있음에 유의해야 한다. 따라서 신고 전에 감정평가를 받아 신고할 것인지, 기준시가로 신고할 것인지 이에 대한 결정부터 하는 것이 좋을 것으로 보인다. 다만, 기준시가로 신고하더라도 무조건 감정평가로 추징하는 것도 아니고, 설령 감정평가로 추징하더라도 본세만 추징하는 것이지 가산세(신고 및 납부

가산세)는 부과하지 않는다는 점도 알아두면 좋을 것으로 보인다.

2) 증여세 과세표준

	증여세과세가액	
(+)	10년 내 재차증여가산액	
(-)	증여재산공제 등	· 인적공제 · 재해손실공제 · 감정평가수수료
(=)	증여세 과세표준	

증여세 과세표준은 앞의 증여세 과세가액에 10년 내 동일인으로부터 증여받은 가액을 합산하고 증여재산공제 등을 차감해 계산한다. 여기서 증여재산공제는 다음과 같이 적용한다.

1. 배우자로부터 증여 : 6억 원
2. 직계존속으로부터 증여 : 5천만 원(미성년자 2천만 원)
3. 직계비속으로부터 증여 : 5천만 원
4. 제2호 및 제3호의 경우 외에 6촌 이내의 혈족, 4촌 이내의 인척으로부터 증여 : 1천만 원

증여재산공제는 수증자별로 적용하는 것이 아니라 4가지 그룹별로 나눠 적용한다. 예를 들어 부모와 조부모로부터 각각 증여를 받은 경우 증여재산공제는 5천만 원에 불과하다(위 2에 해당). 부모와 조부모별로 각각 5천만 원을 공제하는 것이 아니라, 그룹별로 합해 공제한도를 적용하기 때문이다.

3) 산출세액의 계산

증여세과세표준

(×) 세율 10~50%

(=) 증여세 산출세액 세대생략 증여 할증세액

산출세액은 증여세 과세표준에 10~50%를 곱해 계산한다. 증여세율은 다음과 같이 5단계 누진세율로 되어 있다.

구분	세율	누진공제
1억 원 이하	100분의 10	-
1~5억 원 이하	1천만 원 + 1억 원을 초과하는 금액의 100분의 20	1천만 원
5~10억 원 이하	9천만 원 + 5억 원을 초과하는 금액의 100분의 30	6천만 원
10~30억 원 이하	2억 4천만 원 + 10억 원을 초과하는 금액의 100분의 40	1억 6천만 원
30억 원 초과	10억 4천만 원 + 30억 원을 초과하는 금액의 100분의 50	4억 6천만 원

한편 할증세액은 세대를 생략해 증여가 발생하면 기존 산출세액의 30~40%를 할증해 과세하는 것을 말한다.

4) 결정세액의 계산

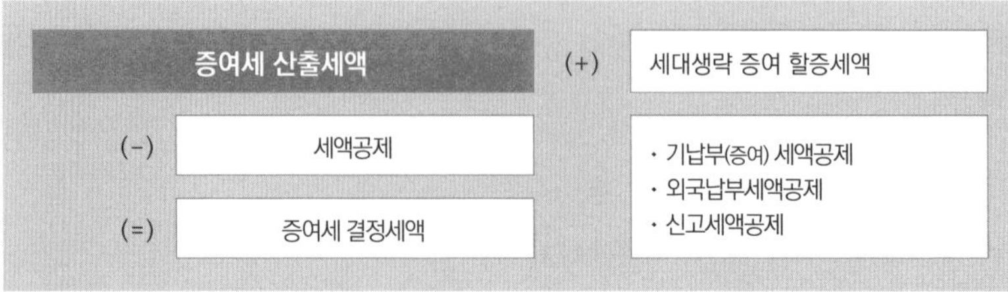

결정세액은 증여세 산출세액(할증세액 포함)에서 신고세액공제(3%) 등을 차감해 계산한다.

3. 적용 사례

사례를 통해 앞의 내용을 이해해보자.

〈자료〉

· 5년 전 조부로부터 1억 원을 증여받음.
· 1년 전 모로부터 1억 원을 증여받음.
· 2022년에 부로부터 1억 원을 증여받고자 함.

Q. 이 경우 증여재산가액은 얼마나 될까?

증여세는 증여자별·수증자별로 과세한다. 여기서 증여자가 동일인인 경우 10년간 합산해 과세하게 된다. 참고로 증여자가 직계존속인 경우에는 배우자를 동일인으로 본다. 따라서 사례의 경우 증여재산가액은 2억 원이 된다. 1년 전의 모와 2022년에 부로부터 증여받게 될 1억 원을 합하기 때문이다. 5년 전에 조부로부터 증여받은 재산은 해당사항이 없다. 조부의 증여재산가액은 부모의 것과 합산되지 않기 때문이다.

Q. 이 경우 증여재산공제액은 얼마나 될까?

증여재산공제는 앞에서 본 4가지 유형별로 10년간의 공제금액을 합산해 적용한다. 따라서 직계존속인 조부모와 부모를 대상으로 공제받은 금액을 합산해 5천만 원을 산정하게 된다. 따라서 사례의 경우 이번에 공제받을 금액은 0원이 된다. 앞의 내용들을 종합하면 증여재산가액은 동일인의 것을 합산하지만, 증여재산공제는 4가지 유형별로 합산해 적용한다는 차이가 있다.

Q. 이 경우 증여세 과세표준은 얼마인가?

합산한 증여재산가액 2억 원이 된다. 공제액은 0원이 되기 때문이다.

Q. 이 경우 증여세 납부세액은 얼마나 될까?

증여세 과세표준이 2억 원이고, 이에 20%의 세율과 누진공제액 1천만 원을 차감하면 증여세 산출세액은 3천만 원이 된다. 여기에서 기납부세액공제와 신고세액공제를 적용하면 납부세액이 도출된다.[9)]

9) 기납부세액공제는 종전에 납부한 산출세액을 공제하나 한도가 있다. 구체적인 것은 저자나 다른 세무사 등과 상의하기 바란다.

03

실제 증여세는 어떻게 계산할까?

앞의 정보를 이용해 사례를 들어 증여세를 계산해보자.[10]

〈자료〉

· 아파트 : 시가 10억 원, 기준시가 6억 원
· 빌딩 : 임대료 연간 1억 2천만 원, 임대보증금 5억 원, 기준시가 10억 원
· 분양권 : 불입금액 2억 원, 프리미엄 1억 원

Q. 이 아파트를 배우자로부터 증여받고자 한다. 이 경우 증여재산가액을 6억 원으로 신고하면 될까?

아니다. 아파트는 유사매매사례가액이 있는 것이 보통이므로 유사한 아파트의 거래가액으로 평가될 가능성이 높다. 따라서 사례의 경우 10억 원을 기준으로 증여세를 계산해야 할 것으로 보인다.

10) 증여세 자동계산기는 국세청 홈택스나 저자가 운영하는 카페(네이버 신방수세무아카데미)에서도 제공하고 있다.

Q. 앞의 지적대로 최근 유사한 아파트가 11억 원에 거래가 되었다. 그래서 소급해 6개월 전의 거래가를 기준으로 감정평가를 받아 신고하면 문제는 없는가?

그렇다. 감정평가의 경우 가격산정기준일과 감정가액평가서 작성일이 평가기간(증여일 전 6개월~증여일 후 3개월 등) 내 속하면 세법상 인정이 되기 때문이다.

Q. 만일 앞의 아파트의 1/2만 증여하면 증여세는 나오는가? 증여재산가액은 총 10억 원으로 평가되었다.

이 금액의 1/2인 5억 원이 증여가액이 되므로 6억 원의 공제금액을 반영하면 증여세 산출세액은 0원이 된다.

Q. 빌딩의 증여재산가액은 어떻게 파악하는가?

빌딩은 대부분 시가를 확인하기 힘들다. 그래서 그 대안으로 다음과 같이 가액을 파악한다.

· Max[연간임대료/12%+임대보증금, 기준시가]
=[10억 원+5억 원, 10억 원]=15억 원

Q. 만일 빌딩에 대한 시가를 15억 원으로 신고하면 감정평가로 경정할 수 있는가?

현재 과세관청의 태도는 부동산을 기준시가로 신고하는 경우만 문제를 삼고 있다. 따라서 앞과 같이 임대료 환산가액을 기준으로 증여세 신고를 하면 뒤늦게 감정가액으로 세금이 추징되지 않을 것으로 보인다(단, 감정을 실시할 가능성은 완전히 배제할 수 없다). 알아두면 좋을 정보에 해당한다.

Q. 앞의 빌딩 재산가액은 15억 원으로 평가되었다고 하자. 이때 건물이나 토지만 증여할 수 있는가?

그렇다. 예를 들어 건물만 증여하는 경우에는 건물증여가액은 다음과 같이 계산해야 할 것으로 보인다.

$$\cdot \text{건물증여가액} = 15\text{억 원} \times \frac{\text{건물 기준시가}}{\text{토지와 건물의 기준시가}}$$

Q. 만일 앞의 빌딩 중 10%를 자녀에게 증여하면 이때 증여세는 얼마나 나올까? 자녀는 성년자녀라고 하자.

전체 증여재산가액 15억 원 중 10%인 1억 5천만 원이 증여재산가액이 되고, 여기에서 5천만 원을 차감하면 증여세 과세표준은 1억 원이 된다. 이에 10%의 세율을 곱하면 500만 원이 된다.

Q. 앞의 분양권의 가액은 얼마로 평가되는가?

불입금액과 프리미엄을 합한 3억 원이 된다. 이때 해당 금액이 높다고 판단되는 경우에는 감정평가를 받아 진행하는 것이 좋을 것으로 보인다.

→ 부동산 증여에서 가장 핵심적인 요소는 재산평가를 어떻게 할 것인지의 여부다. 재산가액만 정확히 산정된다면 세율을 곱해 증여세를 바로 계산할 수 있기 때문이다. 구체적인 재산평가에 대해서는 다음의 팁 및 부록을 참조하기 바란다.

Tip 증여재산가액을 정하는 방법

앞의 내용을 보면 부동산에 있어서 재산평가가 상당히 중요함을 알 수 있다. 따라서 신고 전에 재산평가를 어떤 식으로 할 것인지 심사숙고하는 것이 좋을 것으로 보인다.

① **아파트** : 감정평가를 받는 것이 유리하다. 매매사례가액은 천차만별이고 운이 없으면 그중 가장 높은 가격으로 평가될 가능성이 높기 때문이다.

② **상가·빌딩** : 임대료환산(12%)가액과 기준시가 중 높은 것으로 평가하면 된다. 다만, 기준시가로 신고하면 향후 과세관청에서 감정평가를 받아 이를 기준으로 세금추징을 할 수 있지만, 이때 신고 불성실 가산세와 납부지연 가산세는 없다(단, 환산가액으로 신고 시에도 감정평가 실시 가능함에 유의).

③ **입주권** : 권리가액과 불입금액 그리고 프리미엄을 합한 가격을 기준으로 산정한다. 따라서 이 금액이 널뛰기를 하는 경우에는 차라리 감정평가를 받아 진행하는 것이 좋을 것으로 보인다.

④ **분양권** : 불입금액과 프리미엄을 합한 가격으로 평가하며, 입주권처럼 감정평가를 받아 진행하는 것이 좋을 것으로 보인다.

⑤ **단독주택** : 일반적으로 단독주택의 경우 매매사례가액이 없으므로 기준시가로 신고할 수 있지만, 뉴타운처럼 개발예정지의 경우 토지가액에 대한 매매사례가액이 시가가 될 수 있다. 따라서 이 경우에는 감정평가를 고려해야 할 것으로 보인다.

04

할증과세 어떻게 적용하는가?

증여세(상속세)에서 할증과세라는 제도가 있다. 이는 조부모의 재산을 부모가 아닌 손·자녀가 직접 받는 경우에 할증해 과세하는 제도를 말한다. 따라서 이 제도를 적용받게 되면 10~50%로 계산된 증여세에 30~40% 상당액이 할증된다. 이하에서 이에 대해 좀 더 자세히 알아보자.

1. 할증과세 분석

상증법 제57조에서는 세대를 생략한 직계비속에 대한 증여에 관해 할증과세를 다음과 같이 정하고 있다.

"수증자가 증여자의 자녀가 아닌 직계비속인 경우에는 증여세산출세액에 100분의 30(수증자가 증여자의 자녀가 아닌 직계비속이면서 미성년자인 경우로써 증여재산가액이 20억 원을 초과하는 경우에는 100분의 40)에 상당하는 금액을 가산한다. 다만, 증여자의 최근친(最近親)인 직계비속이 사망하여 그 사망자의 최근친인 직계비속이 증여받은 경우에는 그러하지 아니하다."

이 규정을 좀 더 자세히 보자.

첫째, 수증자가 증여자의 자녀가 아닌 직계비속인 경우에 이 제도가 적용된다.

이는 세대를 건너뛴 상태에서 증여를 받을 때 적용되는 제도에 해당한다. 아버지가 계신 상태에서 할아버지의 재산을 증여받을 때 적용된다는 뜻이다.

둘째, 할증과세율은 30%가 원칙이나 증여재산가액이 20억 원을 초과하면 40%가 적용된다.

셋째, 증여자의 최근친이 사망한 상태에서 그 사망자의 최근친인 직계비속이 증여받은 경우에는 제외한다.

아버지가 안 계신 상태에서 할아버지의 재산을 증여받은 경우에는 이 규정을 적용하지 않는다는 것을 의미한다.

2. 적용 사례

사례를 통해 앞의 내용을 이해해보자.

〈자료〉
· 증여대상 부동산 : 시가 1억 원

Q. 이 주택을 성년자가 부모로부터 증여받으면 증여세 산출세액은?

증여재산가액 1억 원에서 5천만 원을 차감한 5천만 원에 대해 10%의 세율을 적용하면 증여세 산출세액은 500만 원이 된다.

Q. 이 주택을 성년자가 조부모로부터 증여받으면 증여세 산출세액은?

부모가 안 계신 상태에서 재산을 받으면 500만 원이 산출세액이 되고, 계신 상태에서 재산을 받으면 500만 원에 30%를 할증한 650만 원이 산출세액이 된다.

Q. 이 주택을 아버지가 증여받은 후 그의 자녀가 증여받는 것이 좋을까? 아니면 손·자녀가 직접 할아버지한테 증여받는 것이 좋을까?

① 할아버지 → 아버지 → 손·자녀로 증여 시
· 할아버지 → 아버지 : 500만 원
· 아버지 → 자녀 : 450만 원[=(9,500만 원-5천만 원)×10%]
계 : 950만 원

② 할아버지 → 손·자녀로 증여 시
· 할아버지 → 손·자녀 : 650만 원(500만 원×130%)

따라서 증여세 측면에서 보면 ②가 더 유리할 수 있다. 하지만 증여를 수회 반복을 하면 취득세가 추가되므로 이 부분을 감안하면 다른 결과가 나올 수 있다.

※ 저자 주

자녀가 부모로부터 주택을 증여받으면 10~50%의 세율로 증여세를 부담하면 된다. 그런데 주택을 증여받으면 이월과세 등으로 2~5년간 시장에 공급이 제한되므로 주택에 대한 증여를 억제하기 위해 증여세 부담을 늘려야 한다는 주장이 있다. 예를 들어 특정한 주택의 증여에 대해 할증과세(10~50%+10~20%p)를 도입하는 것이 대표적인 예다. 이러한 세율은 국회에서 정하므로 국회에서 어떤 식으로 이에 대해 정할지 지켜보자.

05

부동산 수증 시 취득세 중과세가 적용되는 경우는?

부동산을 증여받으면 자산을 취득하는 것인 만큼 일단 취득세를 내야 한다. 그런데 최근에 세법이 개정되어 주택의 경우 세율이 최고 12%까지 부과되는 일이 발생하고 있다. 따라서 증여를 받기 전에 취득세가 어떤 식으로 나오는지를 충분히 따져볼 필요가 있다. 이하에서 증여에 따른 취득세 과세구조를 전체적으로 살펴보고 구체적인 것들은 순차적으로 살펴보자.

1. 취득세 과세구조

취득세는 과세표준에 세율을 곱해 계산한다.

1) 과세표준

과세표준은 세율을 적용하기 위한 기준금액을 말한다. 이에 대해 지방세법 제10조에서는 다음과 같이 취득세 과세표준을 정하고 있다(2023년부터는 과세표준 산정방식이 달라짐).

> ① 취득세의 과세표준은 취득 당시의 가액으로 한다.
> ② 제1항에 따른 취득 당시의 가액은 취득자가 신고한 가액으로 한다. 다만, 신고 또는 신고가액의 표시가 없거나 그 신고가액이 제4조에서 정하는 시가표준액보다 적을 때에는 그 시가표준액으로 한다.

2) 세율

세율은 세금의 크기를 정하는 요소로 앞의 과세표준에 지방세법 제11조, 제13조의 2 등에 규정된 율을 곱해 산출세액을 계산한다. 주로 증여와 관련된 세율을 열거하면 다음과 같다.

① 취득세 일반세율 : 지방세법 제11조 [부동산 취득의 세율]

> ① 부동산에 대한 취득세는 제10조의 과세표준에 다음 각 호에 해당하는 표준세율을 적용하여 계산한 금액을 그 세액으로 한다.
> 1. 상속으로 인한 취득
>   가. 농지 : 1천분의 23
>   나. 농지 외의 것 : 1천분의 28
> 2. 제1호 외의 무상취득 : 1천분의 35. 다만, 대통령령으로 정하는 비영리사업자의 취득은 1천분의 28로 한다.

일반증여에 대한 취득세율은 3.5%다.

② 중과세율 : 지방세법 제13조의 12 [법인의 주택 취득 등 중과]

② 조정지역에 있는 주택으로서 대통령령으로 정하는 일정가액* 이상의 주택을 제11조 제1항 제2호에 따른 무상취득(이하 이 조에서 '무상취득'이라 한다)을 원인으로 취득하는 경우에는 제11조 제1항 제2호에도 불구하고 같은 항 제7호 나목의 세율을 표준세율로 하여 해당 세율에 중과기준세율의 100분의 400을 합한 세율을 적용한다. 다만, 1세대 1주택자가 소유한 주택을 배우자 또는 직계존비속이 무상취득하는 등 대통령령으로 정하는 경우는 제외한다(2020. 8. 12 신설).

* 시가표준액(지분 또는 부수 토지만 소유한 경우 전체 시가표준액을 말한다)이 3억 원 이상을 말한다.

주택증여에 대한 중과세 취득세율은 4%에 중과기준세율(2%)의 4배를 더한 12%가 된다.

참고로 취득세 외에 농어촌특별세(농특세), 지방교육세가 추가된다. 뒤에서 자세히 살펴본다.

2. 적용 사례

K씨는 이번에 주택을 증여받으려고 한다. 다음 자료를 보고 물음에 따라 답하면?

〈자료〉

· 시가 : 5억 원
· 감정가액 : 4억 원
· 시가표준액 : 3억 원
· 주택 소재지역 : 조정지역
· 증여자는 2주택 이상 보유자에 해당하며, 수증자는 무주택자인 자녀에 해당함.

Q. 앞의 주택을 증여받으면 취득세율은 어떻게 되는가?

12%가 적용된다. 증여자가 2주택 이상 보유 중에 증여 주택이 조정지역 내 소재하고 시가표준액이 3억 원 이상이 되기 때문이다. 참고로 증여로 취득한 주택에 대한 취득세 중과세를 적용 시 주택 수에는 1세대가 보유한 모든 주택(분양권, 입주권, 주거용 오피스텔 포함)이 포함된다. 유상 승계취득의 경우 시가표준액 1억 원 이하의 주택은 주택 수에서 차감되는 것과 차이가 있다.

Q. 증여계약서에 증여가액 표시를 안 하면 취득세 과세표준은 어떻게 정해지는가?

지방세법 제10조 제2항에서는 신고가액 표시가 없는 경우에는 시가표준액을 과세표준으로 하도록 하고 있다.

Q. 사례의 취득세 과세표준은 얼마인가?

증여로 취득한 경우 취득세 과세표준은 시가표준액이 되는 것이 원칙이다. 따라서 사례의 경우 3억 원이 된다.

Q. 만일 증여계약서에 감정가 4억 원을 기재하면 이를 기준으로 취득세가 과세되는가?

증여계약서에 감정가액이 기재되어 있다면 이 금액으로 취득세가 결정될 수 있을 것으로 보인다.

Q. 취득세는 감정가액 등 시가로 추징될 가능성은 없는가?

다음 지방세법 제21조는 납세의무자가 취득(증여 등에 위한 취득

포함)에 의한 취득세를 세법에서 정한 기준에 미달하게 신고 및 납부한 경우 이를 방지하는 규정에 해당한다. 따라서 증여를 한 납세의무자가 증여재산에 대한 시가가 있는 상태에서 시가표준액으로 신고 및 납부한 경우 이를 증여재산의 시가로 추징할 수 있을 것으로 보인다(단, 실무에서 추징한 사례는 없음).

※ 지방세법 제21조 [부족세액 및 추징]

① 다음 각 호의 어느 하나에 해당하는 경우에는 제10조부터 제15조까지의 규정에 따라 산출한 세액 또는 그 부족세액에 지방세기본법 제53조부터 제55조까지의 규정에 따라 산출한 가산세를 합한 금액을 세액으로 하여 보통징수의 방법으로 징수한다(2019. 12. 31 개정).

1. 취득세 납세의무자가 제20조에 따른 신고 또는 납부의무를 다하지 아니한 경우
2. 제10조 제5항부터 제7항까지의 규정에 따른 과세표준이 확인된 경우
3. 제13조의 2 제1항 제2호에 따라 일시적 2주택으로 신고하였으나 그 취득일로부터 대통령령으로 정하는 기간 내 대통령령으로 정하는 종전 주택을 처분하지 못하여 1주택으로 되지 아니한 경우

Tip 부동산 무상취득세율

1. 일반 부동산 증여취득 등

구분		세율	비고
① 상속	농지	2.3%	이외 농어촌특별세와 지방교육세가 부과됨.
	농지 외	2.8%	
② 증여 등		3.5%*(비영리사업자는 2.8%)	

* 농어촌특별세 0.2%, 지방교육세 0.3% 추가 시 총 세율은 4.0%가 됨.

2. 주택 증여취득

① 일반세율

구분	전용면적 85㎡ 이하	전용면적 85㎡ 초과
취득세율	3.5%	3.5%
농어촌특별세액율	-	0.2%(종전 취득세율 2%×10%)
지방교육세율	0.3%(종전 등록세율 1.5%×20%)	0.3%(종전 등록세율 1.5%×20%)
계	3.8%	4.0%

② 중과세율

구분	전용면적 85㎡ 이하	전용면적 85㎡ 초과
취득세율	12%	12%
농어촌특별세액율	-	1%
지방교육세율	0.4%	0.4%
계	12.4%	13.4%

06

취득세가 시가로 과세되면 세금이 얼마나 증가할까?

현행 증여세는 국세에 해당하며 원칙적으로 시가로 과세된다. 이에 반해 취득세는 지방세에 해당하며 시가보다 훨씬 낮은 시가표준액(기준시가)으로 과세된다. 그런데 빠르면 2023년 이후부터 증여나 상속에 따른 취득세가 증여재산가액에 맞춰 과세될 것으로 보인다. 이하에서는 2021년 중에 발표된 지방세법 개정안을 토대로 이에 대한 분석을 해보고자 한다.

1. 지방세법 개정안 내용

최근 정부는 무상(상속·증여) 취득세의 과세표준을 다음과 같이 개정하려는 안을 발표했다. 이 안은 2021년 12월 국회를 통과해 2023년 1월 1일 이후 취득분부터 적용된다.

지방세 실질가치 반영 강화를 위한 취득세 과표 개선

이 개정안은 무상취득에 대한 과세표준을 국세인 증여재산가액에 일치시키는 것을 골자로 하고 있다.

- (유상취득·원시취득) 과세표준을 신고가액에서 개인·법인 차별 없이 '사실상 취득가격'(실제거래가액)으로 규정
- (무상취득) 시가표준액에서 시장가치를 반영한 '시가인정액'*으로 규정

  * 취득일로부터 6월 이내 감정가액, 공매가액 및 유사매매사례가액 중 가장 최근 거래가액

  – 과표 개선과 병행해 납세자 편의 제고를 위해 무상취득 시 취득일이 속하는 달의 말일부터 3개월 이내 취득세를 신고 납부하도록 기한 연장

  ➡ 취득가격 관련 자료 시스템 구축, 변경된 취득세 과세표준 제도에 대한 대국민 홍보가 필요한 점 등을 고려, 2023년 시행 예정

현행	
취득원인 구분 없이 규정	· (개인) MAX(신고가액, 시가표준액) · (법인) 사실상의 취득가격
	· (개인·법인) 시가표준액

개정	
유상·원시 취득	· (개인·법인) 사실상의 취득가격
무상취득	· (개인·법인) 시가인정액

2. 적용 사례

사례를 통해 앞의 내용을 확인해보자.

〈자료〉

· 증여대상 주택 : 기준시가 3억 원

· 취득세율 : 12%

Q. 앞의 주택과 유사한 재산의 거래가액은 7억 원이다. 이 경우 증여재산가액은 얼마인가?

증여재산가액은 원칙적으로 시가로 파악한다. 따라서 유사한 재산의 거래가액도 시가의 범위에 포함되므로 이 경우 증여재산가액은 7억 원이 된다.

Q. 증여재산가액이 7억 원이라면 취득세는 얼마인가? 2022년 이전과 2023년 이후를 예상해보면?

· 2022년 이전 : 3억 원×12%=3,600만 원

· 2023년 이후 : 7억 원×12%=8,400만 원

Q. 앞의 주택을 6억 원에 감정을 받았다. 그런데 유사한 재산의 거래가액은 7억 원이었다. 이 경우 증여재산가액은?

이 경우에는 감정가액이 유사한 재산의 거래가액보다 앞서 인정된다. 따라서 증여재산가액은 6억 원이 된다.

Q. 증여재산가액이 6억 원이 되면 취득세 과세표준은 얼마나 되는가?

2022년 이전은 3억 원, 2023년 이후는 6억 원이 된다.

Q. 2023년 이후에 증여계약서상에 증여가액을 표시하지 않으면 기준시가로 신고할 수 있는가?

그렇지 않다. 증여세 신고가액을 입수해 이를 기준으로 취득세가 부과되므로 증여세 신고가액과 일치시켜 취득세를 신고 및 납부하는 것이 좋을 것으로 보인다.

3. 적용 효과

증여세와 취득세가 시가 위주로 과세되면 증여하기가 상당히 힘들어질 가능성이 높다. 부동산 종류별로 이 문제를 따져보자.

1) 주택

주택 중 아파트의 경우에는 증여세 과세에서 시가 파악방법이 상당히 발달되어 있다. 유사한 아파트[11]의 거래가액을 시가로 삼는 경우가 많다. 다만, 유사한 아파트를 선정하는 것이 힘들고 설령 이의 가액을 찾아 증여가액으로 신고하더라도 나중에 신고가액이 뒤바뀌는 경우가 많아 통상 감정평가를 통해 신고하는 경우가 많다.

2) 상가·빌딩

상가나 빌딩은 대부분 시가가 존재하지 않고 아파트처럼 유사한 재산도 거의 없다. 그래서 대부분 기준시가로 신고를 많이 해왔으나 근래에는 과세관청에서 감정평가를 요청해 이의 금액으로 증여세를 과세하는 일들이 많아지고 있다. 따라서 증여세가 이의 금액으로 재평가되면 취득세 또한 추징이 불가피해질 것으로 보인다.

3) 기타

이외에 입주권이나 분양권, 오피스텔 등도 위와 같은 흐름하에 시가평가가 전개될 것으로 보인다.

---

11) 공동주택, 즉 아파트와 관련된 유사재산의 매매가액은 국세청 홈택스 홈페이지에서 손쉽게 찾아볼 수 있다.

07

증여받은 주택을 2년 후에 양도하면 비과세가 가능할까?

증여받은 부동산을 양도할 때 두 가지 관점에서 이에 대한 검토를 해야 한다. 하나는 양도세 비과세가 가능한지의 여부이고, 다른 하나는 과세가 되는 경우 과세를 어떤 식으로 하는지의 여부다.

1. 비과세가 가능한 경우

현행 소득세법상 비과세는 보통 1세대 1주택이나 일시적 2주택에 대해서만 제한적으로 이루어지고 있다. 이 중 1세대 1주택은 2년 보유 및 2년 거주 정도만 하면 비과세를 적용해주고 있다. 그렇다면 증여를 받은 주택도 비과세를 받을 수 있을까?

1) 별도 세대원이 증여를 받은 경우

① 무주택 상태에서 주택을 증여받은 경우

이 경우에는 다음 요건을 충족하면 비과세를 받을 수 있다.

- 수증자가 1세대 1주택을 소유할 것
- 수증일 이후 2년 이상 보유할 것
- 수증일 이후 2년 이상 거주할 것(2017년 8월 3일 이후 조정지역에 한함)

이러한 원리가 적용되는 이유는 증여도 하나의 취득 수단이기 때문이다. 하지만 특수관계인에게 증여한 후 이를 양도함으로써 세 부담이 감소하는 것은 조세회피의 문제가 있다. 이에 소득세법 제101조에서 부당행위계산부인규정을 다음과 같이 두고 있으나, 단서에 따라 양도소득이 해당 수증자에게 실질적으로 귀속된 경우에는 이 규정을 적용하지 않도록 하고 있다. 따라서 앞의 비과세 요건을 갖춘 상태에서 양도해 해당 소득이 수증자에게 귀속되면 비과세를 인정한다는 것이다.

> ② 거주자가 제1항에서 규정하는 특수관계인(제97조의 2 제1항을 적용받는 배우자 및 직계존비속의 경우는 제외한다)에게 자산을 증여한 후 그 자산을 증여받은 자가 그 증여일부터 5년 이내 다시 타인에게 양도한 경우로서 제1호에 따른 세액이 제2호에 따른 세액보다 적은 경우에는 증여자가 그 자산을 직접 양도한 것으로 본다. 다만, 양도소득이 해당 수증자에게 실질적으로 귀속된 경우에는 그러하지 아니하다.
>
> 1. 증여받은 자의 증여세(상증법에 따른 산출세액에서 공제·감면세액을 뺀 세액을 말한다)와 양도세(이 법에 따른 산출세액에서 공제·감면세액을 뺀 결정세액을 말한다. 이하 제2호에서 같다)를 합한 세액
> 2. 증여자가 직접 양도하는 경우로 보아 계산한 양도세

② 1주택을 보유한 상태에서 증여를 받은 경우

수증자가 1주택을 보유한 상태에서 증여를 받은 경우가 있다. 이렇게 되면 일시적 2주택이 되는데, 이때에는 다음과 같은 요건을 추가로 충족하면 종전주택에 대해 비과세가 적용된다.

· 종전주택 취득일로부터 1년 이후에 증여를 받을 것
· 증여받은 날로부터 종전주택을 1~3년 내 양도할 것
· 증여받은 주택이 조정지역 내 소재한 경우에는 증여일로부터 1년 내 전입할 것(2019. 12. 17 이후)

이처럼 1주택자가 증여를 받아 일시적 2주택이 된 경우에도 일반취득으로 보아 일시적 2주택에 대한 비과세 요건을 충족해야 비과세를 적용함에 유의해야 한다.

2) 동일 세대원이 증여받은 경우

① 1세대 1주택 상태에서 증여를 받은 경우

이 경우에는 당초 취득일로부터 2년 보유 및 거주요건을 판단한다. 1세대 1주택의 판정과 관련해서는 세대단위로 판정하기 때문이다. 따라서 동일 세대원으로부터 증여받은 주택을 양도하는 경우 1세대 1주택 비과세 판단 시 보유기간은 증여자의 보유기간과 수증자의 보유기간을 통산해 산정한다.

② 일시적 2주택 상태에서 증여를 받은 경우

일시적 2주택 상태에서 증여를 받은 경우에도 비과세 요건이 증여 전과 달라지지 않는다. 따라서 종전주택은 신규주택을 취득한

날로부터 1~3년 내 처분해야 할 것으로 보인다.

2. 적용 사례

사례를 들어 앞의 내용을 확인해보자.

〈자료〉
- A씨는 2주택을 보유하고 있다.
- 이 중 1주택 증여를 계획하고 있다.

Q. 주택 1채를 동일 세대원인 자녀에게 증여하면 주택 수는?

여전히 1세대 2주택이 된다.

Q. 주택 1채를 별도 세대원인 자녀에게 증여하면 주택 수는?

자녀가 30세 이상에 해당하면 별도세대로 인정되므로 이 경우에는 각각 1세대 1주택자가 된다.

Q. 바로 앞의 상황에서 해당 주택을 양도하면 각각 비과세를 받을 수 있는가?

비과세를 받기 위해서는 다음과 같은 요건을 동시에 충족해야 한다.

① 1세대가 1주택을 소유할 것
② 2년 이상 보유할 것
③ 2년 이상 거주할 것(2017년 8월 3일 이후 조정지역에 한함)

A씨와 그의 자녀는 앞의 ①의 요건은 충족하고 있다. 하지만 ②와 ③의 요건은 주의해야 한다. A씨는 1주택만 보유한 날로부터 2년 이상 보유와 거주를, 그의 자녀는 수증일 이후부터 2년 이상 보유와 거주를 해야 하기 때문이다. 증여자의 주택 수 분산에 따른 양도세 비과세 적용 시 자칫 실수가 발생할 수 있으므로 사전에 주의할 필요가 있다. 이 책의 107페이지를 참조하기 바란다.

08

증여받은 부동산을 양도하면 양도세는 어떻게 과세될까?

증여를 받은 부동산도 일반취득처럼 수증자가 비과세 요건을 갖추면 비과세도 가능하다. 물론 소득세법상 부당행위계산부인제도가 적용될 수 있지만, 소득의 귀속주체가 수증자이면 이 제도가 작동되지 않는다. 한편 비과세가 적용되지 않는 경우에는 과세방식에 유의해야 한다. 증여에 의해 취득가액, 장기보유특별공제, 세율, 감면 등의 내용이 달라질 수 있기 때문이다. 이하에서 이에 대해 알아보자.

1. 증여받은 부동산의 양도세 과세방식

증여받은 부동산을 향후 양도할 때 과세방식이 어떻게 되는지 일반취득과 비교해보자.

구분	일반취득 부동산의 양도세	수증 부동산의 양도세
양도가액	실거래가액	좌동
취득가액	실거래가액(환산 가능)	신고가액 (1985. 1. 1 이전 증여분은 환산가능)*
기타필요경비	실제 경비	좌동
장기보유특별공제	취득일~양도일	좌동
세율	취득일~양도일	좌동
감면세액	취득 이후 감면요건 충족 여부에 따라 감면	좌동

* 증여받은 재산을 5년 내 양도하면 취득가액을 증여자의 것을 이월시켜 산정한다. 이를 취득가액 이월과세 제도라고 한다.

1) 양도가액

수증한 부동산을 양도할 때 양도가액은 실제 거래되는 가액으로 한다.

2) 취득가액

① 원칙

수증한 부동산의 취득가액은 증여세 신고 당시의 신고한 가액을 기준으로 한다. 이때 신고가액은 다음과 같은 것들 중 하나가 된다.

- 시가(매매사례가액, 감정평가액, 수용가격 등)
- 기준시가

따라서 만일 증여세를 기준시가로 신고했거나 신고를 하지 않는 경우에는 기준시가로 취득가액이 산정되는데, 이때 양도차익이 크게 발생할 가능성이 높다.

② 취득가액 이월과세

이월과세는 증여받은 자산을 5년이 안 되어 처분하는 경우 취득가액을 당초 증여자가 취득한 가액으로 양도세를 계산하도록 하는 제도를 말한다. 이런 제도를 둔 이유는 증여를 통해 취득가액을 올려 양도세를 줄이려는 행위를 방지하기 위해서다. 이에 대해 소득세법 제97조의 2에서 다음과 같이 규정하고 있다.

① 거주자가 양도일부터 소급하여 5년 이내 그 배우자(양도 당시 혼인관계가 소멸된 경우를 포함하되, 사망으로 혼인관계가 소멸된 경우는 제외한다. 이하 이 항에서 같다) 또는 직계존비속으로부터 증여받은 제94조 제1항 제1호에 따른 자산이나 그 밖에 대통령령으로 정하는 자산의 양도차익을 계산할 때 양도가액에서 공제할 필요경비는 제97조 제2항에 따르되, 취득가액은 그 배우자 또는 직계존비속의 취득 당시 제97조 제1항 제1호에 따른 금액으로 한다. 이 경우 거주자가 증여받은 자산에 대하여 납부하였거나 납부할 증여세 상당액이 있는 경우에는 제97조 제2항에도 불구하고 필요경비에 산입한다(2017. 12. 19 개정).

② 다음 각 호의 어느 하나에 해당하는 경우에는 제1항을 적용하지 아니한다(2014. 1. 1 신설).

1. 사업인정고시일부터 소급하여 2년 이전에 증여받은 경우로서 공익사업을 위한 토지 등의 취득 및 보상에 관한 법률이나 그 밖의 법률에 따라 협의매수 또는 수용된 경우(2014. 1. 1 신설)
2. 제1항을 적용할 경우 제89조 제1항 제3호 각 목의 주택[같은 호에 따라 양도소득의 비과세대상에서 제외되는 고가주택(이에 딸린 토지를 포함한다)을 포함한다]의 양도에 해당하게 되는 경우(2015. 12. 15 개정)
3. 제1항을 적용하여 계산한 양도소득 결정세액이 제1항을 적용하지 아니하고 계산한 양도소득 결정세액보다 적은 경우(2016. 12. 20 신설)

이에 대한 자세한 내용은 이 장의 '심층분석'을 참조하기 바란다.

3) 장기보유특별공제

장기보유특별공제는 취득일부터 양도일까지의 기간에 따라 이를 적용한다. 여기서 취득일이란 유상매매의 경우에는 일반적으로 잔금청산일을 말하며 상속은 상속개시일, 증여는 증여일을 말한다.

4) 세율

양도세 세율 중 보유기간에 따른 세율을 적용할 때에는 증여일 이후의 보유기간에 따라 세율을 적용한다.

5) 감면세액

조세특례제한법(조특법) 등에서 정하고 있는 감면을 받기 위해서는 수증자가 증여받은 날 이후에 별도로 감면요건을 충족해야 한다. 따라서 이미 감면요건을 갖춘 배우자나 부모가 해당 부동산을 배우자나 자녀에게 증여하면 감면혜택이 소멸됨에 유의해야 한다. 이에는 다음과 같은 유형들이 있다.

· 조특법에 따른 신축미분양주택의 양도세 감면
· 장기임대주택에 대한 장기보유특별공제(50~70%)이나 100% 양도세 감면 등

2. 적용 사례

사례를 들어 앞의 내용을 확인해보자.

〈자료〉

· A씨는 수년 전에 배우자로부터 부동산을 증여받았음. A씨가 취득한 가액은 4억 원이었음.

· 이 당시 시가는 6억 원이었으나 신고를 하지 않았음(기준시가는 3억 원).

Q. 이 부동산을 양도하고자 한다. 이때 취득가액은 얼마인가?

증여 당시의 신고가액이 된다. 그런데 A씨는 이에 대해 신고를 하지 않았다. 따라서 기준시가 3억 원이 취득가액으로 될 것으로 보인다.

Q. 만일 앞의 상황에 취득가액에 대한 이월과세제도가 적용된다고 하자. 이때 취득가액은 4억 원이 되는가?

아니다. 이렇게 되면 오히려 양도자에게 유리한 결과가 발생한다. 이에 세법은 이월과세를 적용한 것과 이를 적용하지 않는 경우를 비교해 전자가 더 적은 경우에는 이 규정을 적용하지 않는다. 따라서 사례의 경우에는 취득가액은 4억 원이 아닌 3억 원이 된다.

Tip 수증자의 유형에 따른 주택 양도세 쟁점들 요약

1. 배우자로부터 증여를 받은 경우

배우자로부터 증여를 받은 경우 양도세와 관련해 다음과 같은 쟁점들이 발생한다.

- 1세대 1주택 상태에서 배우자한테 증여하면 양도세 비과세 요건이 바뀌지 않는다. 증여자와 수증자의 보유기간과 거주기간을 통산하기 때문이다.
- 일시적 2주택 비과세 상태에서 배우자한테 증여를 하더라도 양도세 비과세 요건은 바뀌지 않는다.
- 비일시적 2주택 이상 상태에서 배우자한테 증여를 받고 이 주택을 양도하면 과세되는 것이 일반적이다. 이때 수증일로부터 5년 내 양도하면 취득가액은 이월과세가 적용되는 것이 원칙이다.

2. 성년인 자녀가 증여받은 경우

부모로부터 성년인 자녀가 증여받은 경우에는 세대구성 요소가 중요하다.

① 동일 세대원인 경우

- 동일 세대원 상태에서 주택을 증여받으면 주택 수에서는 변화가 없다.
- 자녀의 나이가 30세 넘은 상태에서 세대분리를 하면 주택 수는 분산된다. 이 경우 최종 1주택에 대한 보유기간의 기산일은 변경되지 않는다.

② 별도 세대원인 경우

- 별도 세대원 상태에서 주택을 증여받으면 증여자의 주택 수는 감소한다.
- 별도 세대원 상태에서 자녀가 증여받은 주택이 1세대 1주택 비과세 요건을 갖추었다면 비과세를 받을 수 있다. 참고로 비과세 보유기간이 2년이므로 2년간 보유(거주요건도 있음) 후 양도하면 비과세를 받을 수 있다. 이때 취득가액 이월과세제도는 적용되지 않는다. 이 제도는 양도세가 비과세되지 않을 때 적용되는 제도에 해당하기 때문이다.[12]

---

12) 한편 소득세법상 부당행위계산부인제도는 증여로 인한 소득이 증여자에게 귀속되는지의 여부가 중요하다. 증여자에게 해당 소득이 귀속되면 이 제도가 적용된다.

3. 미성년자가 부모로부터 증여를 받은 경우

미성년자는 부모와 세대분리가 인정되지 않는 것이 원칙이다. 따라서 동일 세대원 상태에서 증여를 받게 되어 주택 수에도 변화가 없다.

※ 자녀에게 증여할 때 주의할 점

첫째, 자녀에게 증여할 때 세대개념에 유의해야 한다. 적법한 세대로 인정받지 못하면 세금관계가 달라지기 때문이다.

① **자녀가 30세 미만인 경우** : 자녀가 미성년자이거나 대학생인 경우 또는 미취업 상태로 있는 경우 등은 세대분리를 했더라도 인정이 안 된다. 다만, 30세 미만이더라도 이혼을 했거나 상속주택을 받은 경우, 근로소득이나 사업소득 등이 있는 경우에는 인정이 된다.

② **자녀가 30세 이상인 경우** : 소득이 없더라도 세대독립이 인정이 된다.

둘째, 자녀에게 증여한 후 자녀가 처분할 때 그 처분기한에 유의해야 한다. 예를 들어 아버지가 아들에게 증여하고, 그 아들이 5년 내 제3자에게 양도하면 이월과세나 부당행위계산부인제도가 적용될 수 있다.

셋째, 부담부증여로 발생한 부채는 자녀가 갚도록 한다. 그렇지 않으면 부채상환 조사를 받게 되어 증여세를 내야 한다(이에 대해서는 다음 장에서 살펴보자).

| 심층분석 | 취득가액 이월과세제도의 모든 것

부동산 증여에 있어서 취득가액 이월과세는 상당히 중요한 의미를 담고 있다. 증여받은 후 5년 내 양도하면 이 제도가 적용되기 때문이다. 하지만 5년 후를 벗어나면 취득가액이 증가되어 양도세를 줄이는 역할을 하기도 한다. 이하에서 사례를 통해 이 제도에 대해 알아보자.

〈사례〉

서울 상계동에 거주하고 있는 박이월 씨는 2년 전에 남편이 취득한 주택을 증여받고 이를 바로 양도하고자 한다. 자료가 다음과 같을 때 양도세는 얼마나 나올까?

〈자료〉

· 남편의 취득가액 : 2억 원
· 증여신고금액 : 4억 원
· 양도 예상가액 : 5억 원
☞ 이 부동산은 비과세 대상이 아님.

이 사례에 대한 답을 내기 위해서는 먼저 취득가액 이월과세제도를 먼저 이해할 필요가 있다.

소득세법 제97조의 2에서는 다음과 같이 취득가액 이월과세제도를 두고 있다.

"거주자가 양도일부터 소급하여 5년 이내 그 배우자(양도 당시 혼인관계가 소멸된 경우를 포함한다. 이하 이 항에서 같다) 또는 직계존비속으로부터 증여받은 제94조 제1항 제1호의 규정에 의한 자산(토지와 건물을 말함) 기타 대통령령이 정하는 자산(이용권·회원권 등을 말함)의 양도차익을 계산함에 있어서 취득가액은 각각 그 배우자 또는 직계존비속의 취득 당시의 금액으로 한다. 이 경우 거주자가 증여받은 자산에 대하여 납부하였거나 납부할 증여세상당액이 있는 경우에는 필요경비에 산입한다."

이의 규정을 좀 더 자세히 분석하면 다음과 같다.

첫째, 적용대상자가 한정된다.
2008년까지는 배우자에게만 이 제도를 적용했으나 2009년부터는 이를 직계존비속까지 확대해 시행하고 있다. 따라서 자녀가 부모로부터 증여받은 후 이를 양도해도 이 제도를 적용받게 된다. 참고로 이혼한 후에도 이 제도를 적용받으므로 주의해야 한다. 세법에서는 양도 당시 혼인관계가 소멸된 배우자를 포함한다고 되어 있다.

둘째, 적용자산도 몇 가지로 한정된다.
이월과세제도의 적용대상 자산은 토지와 건물 그리고 특정시설이용권, 회원권 정도가 된다. 다만, 최근에 분양권과 조합원입주권이 포함되었다. 따라서 펀드나 주식 같은 자산들에 대해서는 이 제도가 적용되지 않는다.[13)]

셋째, 수증자가 부담한 증여세와 취득세 등은 돌려받을 수 없다.
이월과세제도가 적용되더라도 증여행위가 취소되는 것은 아니다. 따라서 취득세와 증여세 등은 환급받을 수 없다. 다만, 양도세를 계산할 때 증여세만 필요경비로 인정될 뿐이다. 증여 당시의 취득세는 필요경비로 인정되지 않음에 주의하자.

넷째, 장기보유특별공제와 세율은 증여한 사람이 취득한 날로부터 보유기간을 계산해 적용한다.

이상의 내용을 앞의 사례에 적용해보자.

13) 주식에 대해서는 2023년부터 이월과세가 적용될 예정이다.

사례의 경우에는 부동산을 증여받은 배우자가 5년 내 양도했으므로 이월과세제도가 적용된다. 따라서 다음과 같이 양도세가 계산되어야 한다.

- 취득가액 → 남편의 취득가액
- 장기보유특별공제 → 남편이 취득한 시점부터 기산
- 세율 → 남편이 취득한 시점부터 기산

① 일반과세가 적용되는 경우

만일 일반과세가 적용되면 다음과 같이 양도세가 계산된다.

(단위 : 원)

구분	금액	비고
양도가액	500,000,000	
-) 필요경비 취득가액 기타필요경비	200,000,000 200,000,000	 남편의 취득가액
=) 양도차익	300,000,000	
-) 장기보유특별공제	0	3년 미만 보유
=) 양도소득금액	300,000,000	
-) 기본공제	2,500,000	연간 1회 적용
=) 과세표준	297,500,000	
×) 세율	38%	
-) 누진공제	19,400,000	
=) 산출세액	93,650,000	

② 중과세가 적용되는 경우

만일 중과세가 적용되면 다음과 같이 양도세가 계산된다.

(단위 : 원)

구분	금액	비고
양도가액	500,000,000	
-) 필요경비 취득가액 기타필요경비	200,000,000 200,000,000	 남편의 취득가액
=) 양도차익	300,000,000	
-) 장기보유특별공제	0	중과세는 적용 배제
=) 양도소득금액	300,000,000	
-) 기본공제	2,500,000	연간 1회 적용
=) 과세표준	297,500,000	
×) 세율	38%+20%	2주택 중과세율
-) 누진공제	19,400,000	
=) 산출세액	153,150,000	

제 3 장

증여자의 세금분석

01

증여자가 맞닥뜨리는 세금의 종류는?

현행 제도하에서 증여를 하거나 받게 되면 증여자와 수증자에게 다양한 영향을 주게 된다. 예를 들어 증여자의 경우에는 보유세 부담이 줄어들며, 수증자의 경우에는 증여세와 취득세를 부담해야 한다. 그런데 실무에서 보면 이외에 다양한 세무상 쟁점들이 발생하고 있다. 따라서 이러한 점들을 무시하고 섣불리 증여해서는 곤란할 것이다. 이하에서는 증여로 인해 증여자가 당면하는 다양한 세무상 쟁점을 살펴보자.

1. 일반증여의 경우

채무를 동반하지 않는 일반증여의 경우 증여자가 당장 내는 세금은 없다. 증여세와 취득세는 수증자가 내기 때문이다. 다만, 해당 증여는 증여자에게 간접적으로 다양한 영향을 주는데, 이를 요약하면 다음과 같다.

· 종부세가 줄어들 수 있다.
· 임대소득세가 줄어들 수 있다.
· 양도세가 줄어들 수 있다.
· 상속세가 줄어들 수 있다.

→ 이에 대해서는 뒤에서 자세히 살펴볼 것이다.

2. 부담부증여의 경우

채무와 함께 증여(부담부증여)를 하면 증여와 양도 두 가지 형태의 거래가 발생하게 된다. 이에 따라 다음과 같이 세금관계가 형성된다.

1) 증여분

앞의 1에서 본 효과가 그대로 발생한다.

2) 양도분

부담부증여 중에 '양도'에 해당하는 부분에 대해서는 다음과 같은 효과가 추가로 발생한다.

· 양도세가 발생한다.

이하에서는 주로 앞의 1의 일반증여의 내용 중 종부세와 양도세 정도에 맞춰 다양한 세금영향을 분석해보고자 한다. 부담부증여에 대한 세금분석은 장을 달리해 살펴보자.

※ 저자 주

가족 간에 재산을 이전하는 방법에는 상속, 증여(부담부증여 포함), 매매 등이 있다. 따라서 사전에 이 방법들 중 어떤 것들이 좋을지 미리 검토해 실행에 옮길 필요가 있다. 그렇지 않고 안을 선택하게 되면 재산상 손실을 입을 가능성이 높다. 자세한 내용은 제7장을 참조하기 바란다.

02

증여하면 다주택자의 종부세는 줄어드는가?

현행 종부세는 개인별로 재산금액이 커질수록 세금도 커지는 누진세율을 채택하고 있다. 따라서 과도한 종부세를 부과받는 층은 주택 수 관리가 상당히 중요하게 되었다. 이하에서 사례를 통해 다주택자가 종부세 중과세를 피하기 위해 증여를 선택하면 어떤 실익이 있는지를 알아보자.

1. 배우자에게 증여하는 사례

K씨 부부는 현재 3주택을 보유하고 있다. 다음 자료를 통해 상황에 맞게 답을 찾아보자.

구분	A주택	B주택	C주택
소유자	남편	남편	부인
시가	13억 원	4억 원	8억 원
시가표준액(기준시가)	10억 원	2억 원	6억 원
주택 소재지역	조정지역	좌동	비조정지역

Q. 현 상황에서 남편과 그의 부인은 얼마의 종부세가 예상되는가?

종부세는 개인별로 과세된다. 따라서 남편과 부인이 각각 보유한 주택을 기준으로 종부세를 계산해야 한다. 참고로 남편은 조정지역에서 2주택 소유에 따라 종부세 중과세율을 적용받는다고 하자.

구분	남편	부인	계
기준시가의 합	12억 원	6억 원	
- 공제금액	6억 원	6억 원	
= 과세표준	6억 원	0원	
× 세율	중과 종부세율 참조		
= 산출세액*	840만 원	0원	840만 원

* 360만 원+3억 원×1.6%=840만 원

* 중과 종부세율

구분	세율
3억 원 이하	1천분의 12
3~6억 원 이하	360만 원 + (3억 원을 초과하는 금액의 1천분의 16)
6~12억 원 이하	840만 원 + (6억 원을 초과하는 금액의 1천분의 22)
12~50억 원 이하	2천 160만 원 + (12억 원을 초과하는 금액의 1천분의 36)
50~94억 원 이하	1억 5천 840만 원 + (50억 원을 초과하는 금액의 1천분의 50)
94억 원 초과	3억 7천 840만 원 + (94억 원을 초과하는 금액의 1천분의 60)

Q. 이 상황에서 B주택을 부인한테 증여하면 종부세는 어떻게 변하는가?

세율은 남편과 부인 모두 다음의 일반 종부세율을 적용한다.

구분	남편	부인	계
기준시가의 합	10억 원	8억 원	
- 공제금액	6억 원	6억 원	
= 과세표준	4억 원	2억 원	
× 세율	일반 종부세율 참조	일반 종부세율 참조	
= 산출세액	260만 원	120만 원	380만 원

* 180만 원+1억 원×0.8%=260만 원
* 2억 원×0.6%=120만 원
* 일반 종부세율

과세표준	세율
3억 원 이하	1천분의 6
3억 원 초과 6억 원 이하	180만 원 + (3억 원을 초과하는 금액의 1천분의 8)
6억 원 초과 12억 원 이하	420만 원 + (6억 원을 초과하는 금액의 1천분의 12)
12억 원 초과 50억 원 이하	1천 140만 원 + (12억 원을 초과하는 금액의 1천분의 16)
50억 원 초과 94억 원 이하	7천 220만 원 + (50억 원을 초과하는 금액의 1천분의 22)
94억 원 초과	1억 6천 900만 원 + (94억 원을 초과하는 금액의 1천분의 30)

Q. 이렇게 증여한 결과 종부세는 약간 줄어들었다. 그렇다면 이 경우 B주택을 배우자한테 증여하는 것이 좋을까? 단, 증여세는 시가, 취득세는 시가표준을 기준으로 계산한다.

아니다. 취득세 등을 포함해 종합적으로 판단을 내려야 하기 때문이다. 참고로 조정지역 내의 기준시가 3억 원 이하의 주택은 취득세 중과세를 적용하지 않는다.

① 세금의 증가

· 증여세 : (4억 원-증여공제 6억 원)×증여세율=0원

· 취득세 : 2억 원×3.5%=700만 원

계 : 700만 원

② 세금의 감소

· 종부세 : 460만 원(840만 원-380만 원)

③ 세금효과 : ①-②=700만 원-460만 원=240만 원

사례의 경우 증여연도에 240만 원 정도 세금증가가 발생했으나 분석기간이 늘어나면 종부세 절세액이 늘어나므로 증여하는 것이 종부세 절감을 위해 좋다고 할 수 있다. 다만, 실제 종부세 절감을 위해 증여하는 경우에는 취득세의 변수를 충분히 고려할 필요가 있다. 만일 앞의 증여하고자 하는 주택이 기준시가 3억 원을 넘어가면 12%로 취득세 중과세가 적용될 수 있기 때문이다.

2. 독립한 자녀에게 증여하는 사례

K씨 부부는 현재 3주택을 보유하고 있다. 다음 자료를 통해 상황에 맞게 답을 찾아보자.

구분	A주택	B주택	C주택
소유자	남편	남편	부인
시가	13억 원	4억 원	8억 원
기준시가	10억 원	2억 원	6억 원
주택 소재지역	조정지역	좌동	비조정지역

Q. 현 상황에서 남편과 그의 부인은 얼마의 종부세가 예상되는가?

앞에서 계산한 결과를 다시 한번 보자.

구분	남편	부인	계
기준시가의 합	12억 원	6억 원	
- 공제금액	6억 원	6억 원	
= 과세표준	6억 원	0원	
× 세율			
= 산출세액*	840만 원	0원	840만 원

* 360만 원+3억 원×1.6%=840만 원

Q. 이 상황에서 B주택을 자녀한테 증여하면 종부세는 어떻게 변하는가? 세율은 앞의 것을 적용한다.

구분	아버지	자녀	계
기준시가의 합	10억 원	8억 원	
- 공제금액	6억 원	6억 원	
= 과세표준	4억 원	2억 원	
× 세율			
= 산출세액	260만 원	120만 원	380만 원

* 180만 원+1억 원×0.8%=260만 원
* 2억 원×0.6%=120만 원

Q. 이렇게 증여한 결과 종부세는 약간 줄어들었다. 그렇다면 이 경우 B주택을 자녀에게 증여하는 것이 좋을까?

아니다. 취득세 등을 포함해 종합적으로 판단을 내려야 하기 때문이다. 참고로 조정지역 내의 기준시가 3억 원 이하의 주택은 취득세 중과세를 적용하지 않는다.

① 세금의 증가

· 증여세 : (4억 원-증여공제 5천만 원)×증여세율
=3억 5천만 원×20%-1천만 원(누진공제)=6천만 원

· 취득세 : 2억 원×3.5%=700만 원

계 : 6,700만 원

② 세금의 감소

· 종부세 : 460만 원(840만 원-380만 원)

③ 세금효과

· ①-②=6,700만 원-460만 원=6,240만 원

이처럼 자녀에게 증여한 경우에는 기본적으로 증여공제액이 낮으므로 증여세가 많이 나온다. 따라서 나의 종부세가 많다고 자녀에게 재산을 이전하는 것은 예기치 못한 세금을 내게 되는 결과가 된다. 따라서 독립된 세대를 이룬 자녀에게 증여할 때에는 증여 규모를 적절히 선택하는 활동이 요구된다.[14]

14) 그럼에도 불구하고 증여받은 자녀가 1세대 1주택 비과세를 받을 수 있다면 증여세를 기꺼이 부담할 수 있을 것이다.

03

증여하면 1주택자의 종부세는 줄어드는가?

1세대 1주택을 단독명의로 보유한 상태에서 이를 공동명의로 하기 위해 증여를 생각하는 경우가 많다. 공동명의로 보유하면 종부세와 양도세를 유리하게 적용받을 수 있기 때문이다. 전자의 경우 단독명의와 공동명의 중 유리한 과세방식을 선택할 수 있고, 후자의 경우 과세표준의 분산으로 양도세가 줄어드는 경우가 많다. 다만, 어떤 경우에는 공동명의나 단독명의나 차이가 없는 경우도 있다. 따라서 이 경우에는 공동명의로의 전환은 불필요하다. 이하에서 이에 대해 알아보자.

※ 저자 주

2022년부터 갈아타기로 인해 일시적 2주택이 된 경우에도 1주택자에 준해서 종부세 처리를 할 것으로 보인다. 여기서 일시적 2주택은 새로운 주택을 취득한 날로부터 종전주택을 일정기한 내에 양도하는 주택을 말한다. 구체적인 기한은 향후 입법화되는 내용을 참조하기 바란다.

1. 기준시가가 종부세 공제금액에 미달하는 경우

기준시가가 종부세 공제금액에 미달하는 경우에는 공동명의로의 전환은 불필요하다. 공동명의로 전환하면 고가주택에 한해 양도세가 다소 줄어들 가능성이 있지만, 취득세가 발생하기 때문이다. 여기서 종부세 공제금액은 기본적으로 6억 원을 말하나, 단독명의자는 5억 원(2020년은 3억 원)을 더한 금액(11억 원)을 말한다.

2. 기준시가가 종부세 공제금액을 초과하는 경우

기준시가가 종부세 공제금액을 초과하는 경우에는 종부세가 발생하므로 이 경우에는 공동명의로 전환을 할 수도 있다. 다만, 공동명의로 전환을 하면 취득세가 발생하나, 종부세와 양도세 측면에서는 절세효과가 다소 발생한다. 사례를 들어 이 부분을 분석해보자.

〈자료〉

· 시가 20억 원, 기준시가 15억 원, 취득가액 10억 원
· 보유 및 거주기간 10년
· 종부세 기본공제 1주택 단독명의자는 11억 원, 기타는 6억 원
· 종부세 세액공제율 50%
· 양도세 고가주택 기준금액 12억 원
· 기타는 무시함.

Q. 이 주택을 단독명의로 보유한 경우와 공동명의로 보유한 경우의 종부세는 얼마나 예상되는가?

· 단독명의

(15억 원-11억 원)×종부세율*-세액공제

= 4억 원×종부세율-세액공제

= (180만 원+1억 원×0.8%=260만 원)-260만 원×50%

= 130만 원

· 공동명의

(7억 5천만 원-6억 원)×종부세율

= 1억 5천만 원×0.6%

= 90만 원

이 경우에는 공동명의로 하는 것이 40만 원 정도 유리한 것으로 나왔다. 참고로 1주택자가 공동명의로 주택을 보유하면 단독명의 과세방식과 공동명의 과세방식 중 유리한 것 중 하나를 선택할 수 있다.

* 일반 종부세율

과세표준	세율
3억 원 이하	1천분의 6
3억 원 초과 6억 원 이하	180만 원 + (3억 원을 초과하는 금액의 1천분의 8)
6억 원 초과 12억 원 이하	420만 원 + (6억 원을 초과하는 금액의 1천분의 12)
12억 원 초과 50억 원 이하	1천 140만 원 + (12억 원을 초과하는 금액의 1천분의 16)
50억 원 초과 94억 원 이하	7천 220만 원 + (50억 원을 초과하는 금액의 1천분의 22)
94억 원 초과	1억 6천 900만 원 + (94억 원을 초과하는 금액의 1천분의 30)

Q. 이 주택을 단독명의로 보유한 경우와 공동명의로 보유한 경우의 양도세는 얼마나 예상되는가?

구분	단독명의	공동명의
양도가액	20억 원	20억 원
- 취득가액	10억 원	10억 원
= 양도차익	10억 원	10억 원
- 비과세 양도차익*	6억 원	6억 원
= 양도차익	4억 원	4억 원
- 장기보유특별공제(80%)	3억 2천만 원	3억 2천만 원
= 과세표준	8천만 원	4천만 원(1인)
× 세율	24%	15%
- 누진공제	522만 원	108만 원
= 산출세액	1,398만 원	492만 원
최종 산출세액	1,398만 원	984만 원(2인)

* 10억 원×(12억 원/20억 원)

사례의 경우 공동명의로 보유한 경우의 양도세가 414만 원 정도 더 적다. 물론 변수가 달라지면 앞의 결과는 달라질 수 있다.

Q. 만일 이 주택의 1/2를 배우자한테 증여하면 취득세는 얼마인가? 취득세율은 4%를 적용한다.

· 취득세 = 15억 원×1/2×4% = 3천만 원

Q. 사례의 경우 배우자한테 1/2를 증여하는 것이 좋을까?

배우자한테 증여하면 일단 취득세가 발생하나, 종부세와 양도세는 줄어든다.

① 취득세 발생 : 3천만 원
② 종부세와 양도세 감소 : 종부세 40만 원+양도세 414만 원=454만 원

따라서 단기적으로 볼 때 감소되는 세금이 증가하는 세금을 상쇄할 수 없지만, 장기적으로 볼 때는 그렇지 않을 가능성이 있다. 다만, 주어지는 상황이 달라지면 그 결과가 달라질 수 있음에 유의해야 한다. 결국 주택 보유자들은 증여하는 것이 좋을지의 여부는 상황별로 달라진다고 할 수 있다.

Tip 새 정부의 보유세 정책과 명의 선택

1. 1세대 1주택

현행의 제도들이 그대로 유지되거나 조금 더 완화될 가능성이 높다. 따라서 이들은 공동명의로 유지하는 것이 단독명의보다 유리할 가능성이 높다. 1주택자들은 공동명의와 단독명의 중 유리한 과세방식을 선택할 수 있기 때문이다. 다만, 현재 단독명의자가 공동명의로 전환을 하면 증여세와 취득세의 문제가 있으므로 신중하게 의사결정을 해야 한다. 참고로 2022년부터 일시적 2주택자도 1주택자에 준해서 종부세를 부과할 예정이므로 이 경우에도 공동명의로 해두는 것이 좋을 것으로 보인다.

2. 1세대 2주택 이상

다주택자들의 경우 당분간 현행의 제도가 그대로 유지될 가능성이 높다. 따라서 지분주택을 포함해 개인별로 주택 수가 2주택 이상이면 종부세도 중과세의 가능성이 있기 때문에 가급적 1주택씩 보유하는 것이 유리할 수 있다. 만일 1인이 2주택을 보유하고 있는 상황에서 1채를 배우자에게 증여하면 증여세와 취득세 중과세(12%)가 적용될 수 있으므로 주의해야 한다. 한편 새 정부에서는 다주택자들을 대상으로 보유세 개편을 단행할 수 있으므로 향후 전개되는 보유세 정책을 면밀히 분석해 대응력을 키울 필요가 있다.

04 증여하면 양도세는 줄어드는가?

현행 부동산 세금은 취득세, 보유세, 양도세까지 중과세제도로 점철되어 있다. 이 중 양도세는 비과세부터 중과세에 이르기까지 다양한 과세방식이 동원되고 있다. 그렇다면 양도세 절세를 위해 증여가 유효할까? 이하에서는 주로 증여자의 관점에서 양도세 문제를 다뤄보자.

1. 양도세 비과세를 위한 증여

다주택자가 1세대 1주택 비과세를 받기 위해서는 주택 수를 줄인 후 처분에 나서야 한다. 이때 주택 수를 줄일 때 증여의 방법이 동원된다. 자료를 보고 물음에 대한 답을 찾아보자.

구분	A주택	B주택
양도예상가액	15억 원	4억 원
취득가액	5억 원	2억 원
기준시가	10억 원	3억 원
주택 소재지역	조정지역	좌동

Q. 이 상태에서 A주택을 양도하면 양도세는 얼마나 나오는가? 단, 세율은 기본세율+20%가 적용된다고 하자.

· 양도차익 : 10억 원
- 장기보유특별공제 : 0원
= 과세표준 : 10억 원
×세율 : 62%(42%+20%)
- 누진공제 : 3,540만 원
= 산출세액 : 5억 8,460만 원

만일 중과세 한시적 폐지로 인해 일반과세가 적용되면 산출세액은 크게 감소한다. 10억 원에 대해 42%(누진공제 3,540만 원)가 적용되기 때문이다. 한편 일반과세가 적용되면 장기보유특별공제도 적용될 가능성이 높다. 이렇게 되면 과세표준도 줄어들게 된다.

Q. 만일 B주택을 동일 세대원에게 증여하면 양도세는 줄어드는가?

동일 세대원에게 증여하게 되면 주택 수가 변동하지 않는다. 양도세는 1세대가 보유한 주택 수를 가지고 과세판단을 하기 때문이다.[15]

15) 양도세 절세를 위해서는 기본적으로 별도 세대원에게 증여하는 것이 좋다.

Q. 만일 B주택을 세대가 분리된 자녀 등에게 증여하고 남은 주택을 비과세 요건을 갖춰 양도하면 양도세는 얼마나 되는가?

2021년 1월 1일부터는 다주택을 보유한 기간은 제외하고 최종적으로 1주택만 보유하게 된 날로부터 보유기간 2년을 기산해 1세대 1주택 비과세를 판정한다. 다음 그림을 보면 다주택자가 A와 B주택을 양도나 증여 등을 통해 제거한 후에 C주택을 바로 양도하면 비과세가 불가능해진다. 양도일 현재 1세대 1주택에 해당하나 C주택만 남은 날로부터 2년을 더 보유해야 하기 때문이다. 최근 예규에 의하면 앞과 같이 보유기간이 재계산되면 거주도 다시 해야 한다(단, 2017년 8월 3일 조정지역에서 취득한 경우에 한함).

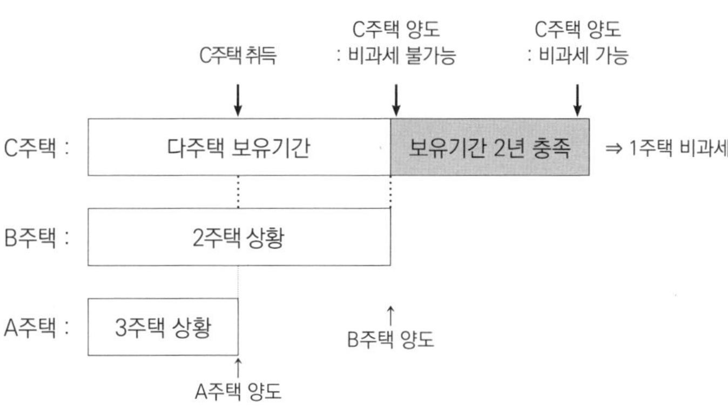

이처럼 다주택자가 앞으로 비과세를 받기 위해서는 평소에 주택 수 관리를 제대로 해야 한다. 참고로 주택 수에는 분양권, 입주권, 주거용 오피스텔이 포함된다.

2. 양도세 중과세를 피하기 위한 증여

주택 소유자에게 양도세 중과세가 적용된다고 하자. 이때에는 증여를 통해 주택 수를 조절하면 중과세의 가능성이 줄어든다. 중과세 판단은 양도일 당시의 주택 수로 판단하기 때문이다. 참고로 중과세를 피하기 위해 증여를 선택한 경우로써 증여자의 주택 수가 1세대 1주택이거나 일시적 2주택에 해당하는 경우도 있을 수 있다. 이때 남은 주택을 비과세로 처분하기 위해서는 앞에서 본 '최종 1주택 보유기간 기산일'에 유의해야 한다. 좀 더 세부적인 내용은 뒤에서 살펴보자.

Tip 중과세 폐지 후 증여하면 양도세는 줄어들까?

중과세가 폐지되면 주택 수와 무관하게 일반과세가 적용되므로 증여는 양도세 크기에 영향을 주지 않는다. 다만, 증여 후 남아 있는 주택에 대한 양도세 비과세는 최종 1주택만 보유한 날로부터 2년 이상 보유 등을 해야 적용됨에 유의해야 한다.

05 증여로 주택 수 분산 시 주의해야 할 내용은?

1세대 다주택자가 주택을 증여하거나 양도 등을 하면 당연히 보유한 주택 수가 줄어들어 급기야 1세대 1주택 또는 일시적 2주택 상태가 되어 양도세 비과세를 받을 수 있는 길이 열린다. 그런데 최근 이와 관련해 세법이 개정되어 보유나 거주를 다시 해야 비과세가 적용되는 일들이 벌어지고 있다. 이하에서 이에 대해 알아보자.

1. 최종 1주택 보유기간의 기산일 변경

알다시피 1세대 1주택자가 양도세 비과세를 받기 위해서는 다음과 같은 요건을 갖추어야 한다.

· 1세대가 국내에서 1주택을 보유하고 있을 것

· 2년 이상 보유할 것
· 2년 이상 거주할 것(단, 2017년 8월 3일 이후 조정지역 내에서 취득한 것에 한함)

한편 일시적 2주택자의 경우에는 다음과 같은 요건이 추가된다.

· 종전주택의 취득일로부터 1년 이후에 신규주택을 취득할 것
· 신규주택의 취득일로부터 1~3년 내 종전주택을 양도할 것(단, 2019년 12월 17일 이후 조정지역 내의 주택을 취득한 경우 1년 내 신규주택으로 전입할 것)

그런데 2021년 1월 1일 이후에 앞과 같은 요건을 갖추지 못한 다주택자가 증여나 양도, 용도변경을 통해 1주택 또는 일시적 2주택을 만든 상태에서는 보유기간과 거주기간을 1주택만 보유한 날로부터 산정하게 된다. 자세한 내용은 다음의 사례를 통해 알아보자.

2. 적용 사례

Q. 10년 이상 보유한 2주택 중 한 채를 세대분리된 자녀에게 증여한 후 나머지 한 채를 양도하고자 한다. 이 경우 비과세를 받을 수 있는가?

비과세를 받을 수는 있다. 다만, 2년 보유기간은 증여한 날로부터 다시 채워야 한다. 2021년 1월 1일부터는 다주택 보유기간을 제외하고 보유기간을 산정하기 때문이다.

☞ 거주기간 요건은 2017년 8월 3일 이후에 조정지역에서 취득한 것만 해당하기 때문이다. 이 사례에서는 이에 대한 정보가 주어지지 않았다.

Q. 앞의 주택 보유자가 2020년 12월 31일까지 증여한 후에 1주택만 보유하고 있다면 보유기간은 어떻게 따질까?

이 경우에는 당초 취득일로부터 기산한다(기재부 재산세제과-1132, 2020. 12. 24).

Q. 만일 주택 보유자가 2020년 12월 31일까지 증여한 후에 1주택만 보유한 상태에서 2021년 이후에 신규로 주택을 취득해 일시적 2주택이 된 경우 보유기간은 어떻게 따질까?

1주택자가 신규주택을 취득해 일시적 2주택이 되었으므로 이 경우에는 당초 취득일로부터 기산하는 것이 타당하다. 이에 대해 기재부도 이와 같은 취지로 예규(기재부 재산세제과-953, 2021. 11. 2)를 발표해 논란을 잠재웠다(다음 팁 참조).

Q. 10년 이상 보유한 2주택 상태에서 1주택을 취득해 3주택이 되고, 이후 1채를 증여해 일시적 2주택을 만든 경우 비과세가 적용될까?

앞의 2주택은 일시적 2주택이 아니다. 따라서 이러한 상태에서 비과세를 받기 위해서는 1주택이나 일시적 2주택을 만들더라도 최종 1주택을 보유한 날로부터 2년 이상을 보유해야 비과세를 받을 수 있는 것이 원칙이다. 최근 기재부 해석(재산세제과-953, 2021. 11. 2)도 이러하니 주의하기 바란다.

Tip 최종 1주택 비과세 보유기간 및 거주기간 정리

최근 1세대 1주택 또는 일시적 2주택과 관련된 비과세 요건 중 보유기간과 거주기간에 대한 재계산으로 다양한 쟁점들이 발생하고 있다. 이하에서 이에 대해 잠깐 정리해보고자 한다. 좀 더 자세한 내용은 저자의 《2022 확 바뀐 부동산 세금 완전 분석》이나, 《양도소득세 세무리스크 관리노하우》 등을 참조하기 바란다.

1. 1세대 1주택

1) 보유기간

구분	주택 보유과정	당초 취득일	직전주택 처분*일
① 2020년 12월 31일 이전	1주택	○	-
② 2021년 1월 1일 이후	1. 무주택 → 1주택 취득	○	-
	2. 일시적 2주택 → 처분(종전주택 비과세) → 1주택	○	-
	3. 비일시적 2주택 → 처분(과세) → 1주택	-	○

* 양도, 증여, 용도변경을 말함. 이외 멸실, 세대분리, 이혼에 의한 재산분할, 임대등록 등은 제외함.

2) 거주기간

2017년 8월 3일 이후 조정지역에서 취득한 주택에 대한 보유기간 기산일이 변경되면 거주기간도 다시 갖춰야 함(다음의 일시적 2주택의 경우에도 동일한 원리가 적용됨).

2. 일시적 2주택

구분	주택 보유과정	당초 취득일	직전주택 처분일
1) 2020년 12월 31일 이전	1. 일시적 2주택	○	-
	2. 비일시적 2주택 → 처분 → 일시적 2주택	○	-
	3. 비일시적 2주택 → 처분 → 취득 → 일시적 2주택	○*	-
2) 2021년 1월 1일 이후	1. 일시적 2주택	○	-
	2. 비일시적 2주택 → 처분 → 일시적 2주택	-	○**
	3. 비일시적 2주택 → 처분 → 취득 → 일시적 2주택	-	○
	4. 비일시적 2주택 → 취득 → 처분 → 일시적 2주택	-	○

* 2020년 12월 31일까지 1세대 1주택이나 일시적 2주택 관계가 성립하면 보유기간이 재계산되지 않음(개정 규정은 2021년 1월 1일 이후 양도분부터 적용되기 때문임).

** 2021년 11월 2일 이후 양도분부터 직전주택 처분일로부터 보유기간을 산정함(그전 양도분은 개정 규정을 적용하지 않음).

→ 최근 일시적 2주택과 관련되어 다양한 세무상 쟁점들이 발생하고 있다. 예를 들어 취득시기별로 종전주택의 처분기한이 어떻게 되는지, 최종 1주택에 대한 보유기간 재계산이 적용되는지 등이 그렇다. 실무에서 어려움을 겪고 있다면 저자의 카페와 상의하기 바란다.

06
증여하면 상속세는 줄어드는가?

상속과 증여는 다 같이 무상으로 재산을 이전시킬 수 있는 수단에 해당한다. 다만, 상속은 사후에 증여는 생전에 재산이 이전된다는 점에서 차이가 날 뿐이다. 그런데 과중한 상속세 부담을 줄이기 위해 증여를 선택하곤 하는데, 사전증여에도 불구하고 상속세가 생각보다 줄어들지 않는 경우들도 많다. 이하에서 이에 대해 알아보자.

1. 상속 10년 누적합산과세제도의 개관

현행의 상속세 세율은 10~50%다. 그래서 살아생전에 미리 재산의 규모를 점점 축소시켜 나가는 경우가 많다. 그런데 세법에서는 사전증여로 세부담을 회피하는 것을 방지하기 위한 장치들을 두고 있는데, 그중 대표적인 것이 바로 10년 누적합산과세제도다. 이는 상속이 발생하면 10년(5년) 내 증여한 재산가액을 상속재산가액에 합산해 상속세로 정산하도록 하는 제도를 말한다.

1) 사전증여가액의 합산기간

상속인의 경우 10년, 상속인 외의 자는 5년간이다. 일반적으로 상속인은 자녀와 배우자, 상속인 외의 자는 손·자녀나 친족, 법인 등이 해당한다.

※ 상증세 집행기준 13-0-2 [사전증여재산가액]

상속세 과세가액에 합산하는 사전증여재산가액은 피상속인이 상속개시일 전 상속인 또는 상속인 아닌 자에게 증여한 재산가액으로 다음과 같다.

피상속인	증여를 받은 자	사전증여재산 가액
거주자	상속인	상속개시일 전 10년 이내 증여한 국내·외 재산가액
	상속인 아닌 자	상속개시일 전 5년 이내 증여한 국내·외 재산가액
비거주자	상속인	상속개시일 전 10년 이내 증여한 국내소재 재산가액
	상속인 아닌 자	상속개시일 전 5년 이내 증여한 국내소재 재산가액

※ 상증세 집행기준 13-0-4 [상속세 과세가액에 합산하지 않는 증여재산]

구분	재산종류	관련규정
증여세 비과세재산	비과세되는 증여재산	상증법 §46
과세가액에 불산입되는 재산	공익법인 등에 출연한 재산	상증법 §48①
	공익신탁한 재산	상증법 §52
	장애인이 증여받은 재산	상증법 §52의 2①
합산배제 증여재산	재산취득 후 해당 재산의 가치 증가	상증법 §31①3
	전환사채 등의 주식전환이익, 양도이익	상증법 §40①2, 3
	주식의 상장 등의 이익에 따른 증여	상증법 §41의 3
	합병에 대한 상장 등 이익의 증여	상증법 §41의 5
	재산취득 후 재산가치 증가에 따른 이익의 증여	상증법 §42의 3
	명의신탁재산의 증여 의제	상증법 §45의 2
	특수관계법인과의 거래를 통한 이익의 증여의제	상증법 §45의 3
	특수관계법인으로부터 제공받은 사업기회로 발생한 이익의 증여의제	상증법 §45의 4
조특법상 특례	영농자녀가 증여받은 농지 등	조특법 §71⑤
비실명 특정채권	금융실명법 부칙에 따라 조세특례가 적용되는 특정채권	금융실명거래 및 비밀 금융실명거래 및 비밀 부칙 §9

2) 합산하는 사전증여가액

증여일 당시의 증여재산가액을 합산한다. 따라서 증여일 이후의 가격변동분은 상속재산가액에 합산되지 않는다.

3) 증여세 이중과세 조정

사전증여를 통해 발생한 증여세 산출세액은 상속세 산출세액에서 차감되는 것이 원칙이다. 이중과세를 방지하기 위해서다.

4) 사전증여에 대한 신고가 누락된 경우의 과세방법

사전증여를 받았음에도 이에 대한 증여세 신고가 누락된 경우 이에 대해서는 증여세와 가산세가 별도로 부과된다. 이후 상속세를 정산할 때 상속세 산출세액에서 증여세 산출세액을 차감하는 방식으로 이중과세를 조정한다.

※ 상증세 집행기준 13-0-8 [상속세 과세가액에 합산하는 증여재산에 대한 과세방법]

상속세 과세가액에 합산하는 증여재산에 대하여 증여세가 부과되지 아니한 경우에는 해당 증여재산에 대하여 증여세를 먼저 과세하고, 그 증여재산가액을 상속세 과세가액에 합산하여 상속세를 부과하며 증여세 상당액을 기납부세액으로 공제한다.

2. 적용 사례

사례를 통해 앞의 내용들을 정리해보자.

〈자료〉

· 부동산 증여 : 2015년 당시 시가 5억 원(2022년 시가 10억 원)
· 위 부동산은 자녀가 사전에 증여받았음.
· 2022년 상속 발생
· 상속 당시 총재산가액 : 20억 원(사전증여한 재산가액 제외)

Q. 총상속재산가액은 얼마인가?

총상속재산가액은 상속개시일 현재의 상속재산가액과 사전에 증여한 재산가액 등을 합한 금액으로 한다. 따라서 사례의 경우 20억 원과 5억 원을 합한 25억 원이 된다.

Q. 사전에 증여 시 재산가액을 상속 당시의 시가로 하지 않는 이유는?

사전증여 시점에 과세표준이 확정되었기 때문이다. 따라서 사례처럼 사전에 증여한 재산가액이 그 이후에 증가되었지만, 증여 당시의 가액 5억 원을 상속재산가액에 합산하게 된다.

Q. 사전에 증여한 재산은 유류분[16] 대상인가?

원칙적으로 사전에 증여한 재산은 유류분 적용대상에 해당한다. 다음의 팁을 참조하기 바란다.

※ 저자 주

현행 상속세는 피상속인의 전체 재산에 대해, 증여세는 각 개인이 받은 재산에 대해 10~50%의 세율로 과세되고 있다. 이에 정치권을 중심으로 상속세의 부담을 줄여주기 위해 각자가 받은 상속재산가액을 기준으로 상속세를 부과하는 안을 검토 중에 있다. 예를 들어 상속세 과세표준이 30억 원인 경우 전체에 대해 과세하는 것과 각 10억 원에 대해 과세하는 경우의 세금 차이는 다음과 같다.

· 30억 원에 대해 상속세를 과세하는 경우 :
30억 원×40%－1억 6천만 원(누진공제) = 10억 4천만 원

· 각 10억 원에 대해 상속세를 과세하는 경우 :
(10억 원×30%－6천만 원)×3인= 7억 2천만 원

16) 유류분은 유족들이 최소한 받을 수 있는 상속재산가액을 말한다.

Tip 상속순위, 유류분 등

증여에 대한 세금을 다룰 때는 상속이나 상속세 등에 대한 지식도 있어야 한다. 이 책에서는 이러한 내용에 대해 자세히 다루지 않고 있으나, 다음 내용 정도는 미리 알아두는 것이 좋을 것으로 보인다.

1. 상속인

민법 제1000조와 제1001조, 제1003조 등에서는 다음과 같이 상속순위를 정하고 있다.

제1000조(상속의 순위)

① 상속에 있어서는 다음 순위로 상속인이 된다.

1. 피상속인의 직계비속
2. 피상속인의 직계존속
3. 피상속인의 형제자매
4. 피상속인의 4촌 이내의 방계혈족

② 전항의 경우에 동순위의 상속인이 수인인 때에는 최근친을 선순위로 하고 동친 등의 상속인이 수인인 때에는 공동상속인이 된다.

③ 태아는 상속순위에 관하여는 이미 출생한 것으로 본다.

제1001조(대습상속)

전조 제1항 제1호와 제3호의 규정에 의하여 상속인이 될 직계비속 또는 형제자매가 상속개시 전에 사망하거나 결격자가 된 경우에 그 직계비속이 있는 때에는 그 직계비속이 사망하거나 결격된 자의 순위에 갈음하여 상속인이 된다.

제1003조(배우자의 상속순위)

① 피상속인의 배우자는 제1000조 제1항 제1호와 제2호의 규정에 의한 상속인이 있는 경우에는 그 상속인과 동순위로 공동상속인이 되고 그 상속인이 없는 때에는 단독상속인이 된다.

예를 들어 부친이 사망하면 직계비속과 배우자가 상속인이 된다. 다만, 이때 직계비속에 자녀와 손·자녀가 있는 경우 최근친인 자녀가 상속인이 된다.

2. 상속방법

상속재산은 원칙적으로 다음과 같은 순서에 따라 분할된다.

> ① 유언에 의한 분할 → ② 협의에 의한 분할 → ③ 법원의 조정 또는 심판에 의한 분할

참고로 법정상속지분으로 상속재산이 분할되면 직계비속은 1, 배우자는 1.5의 지분을 가진다.

3. 유류분

유류분은 상속재산이 일방에게 주어지는 것을 방지하기 위해 유족들이 최소한 일정액을 받을 수 있도록 증여나 유증을 받은 자를 대상으로 반환을 청구할 수 있는 제도에 해당한다. 민법에서 정하고 있는 내용들을 살펴보면 다음과 같다.

· **유류분의 권리자와 유류분**(민법 제1112조)

상속인의 유류분은 다음 각 호에 의한다.

1. 피상속인의 직계비속은 그 법정상속분의 2분의 1
2. 피상속인의 배우자는 그 법정상속분의 2분의 1
3. 피상속인의 직계존속은 그 법정상속분의 3분의 1

· **유류분의 산정**(민법 제1113조)

① 유류분은 피상속인의 상속개시 시에 있어서 가진 재산의 가액에 증여재산의 가액을 가산하고 채무의 전액을 공제하여 이를 산정한다.

② 조건부의 권리 또는 존속기간이 불확정한 권리는 가정법원이 선임한 감정인의 평가에 의하여 그 가격을 정한다.

· **산입될 증여**(민법 제1114조)

증여는 상속개시 전의 1년간에 행한 것에 한하여 제1113조의 규정에 의하여 그 가액을 산정한다. 당사자 쌍방이 유류분 권리자에 손해를 가할 것을 알고 증여를 한 때에는 1년 전에 한 것도 같다.

· **유류분의 보전**(민법 제1115조)

① 유류분 권리자가 피상속인의 제1114조에 규정된 증여 및 유증으로 인하여 그 유류분에 부족이 생긴 때에는 부족한 한도에서 그 재산의 반환을 청구할 수 있다.

② 제1항의 경우에 증여 및 유증을 받은 자가 수인인 때에는 각자가 얻은 유증가액의 비례로 반환하여야 한다.

· **반환의 순서**(민법 제1116조)

증여에 대하여는 유증을 반환받은 후가 아니면 이것을 청구할 수 없다.

· **소멸시효**(민법 제1117조)

반환의 청구권은 유류분 권리자가 상속의 개시와 반환하여야 할 증여 또는 유증을 한 사실을 안 때로부터 1년 내 하지 아니하면 시효에 의하여 소멸한다. 상속이 개시한 때로부터 10년을 경과한 때도 같다.

07

상속세와 증여세 모두 10년 합산과세를 한다고 하는데 그 이유는 무엇일까?

앞의 내용을 보면 사전에 증여한 재산은 상속재산가액에 합산되어 상속세로 정산됨을 알 수 있었다. 따라서 상속이 뒤늦게 발생한 경우에는 이러한 합산과세를 피할 수 있게 된다. 이에 세법은 증여세에도 이러한 원리를 적용하고 있다. 이하에서 이에 대해 알아보자.

1. 상속세 합산과세

사전에 증여한 재산가액은 다음과 같이 상속재산가액에 합산되어 정산된다.

· 상속인 : 10년

· 상속인 외의 자 : 5년

2. 증여세 합산과세

증여를 나눠서 받으면 한꺼번에 받은 것에 비해 증여세 부담을 줄일 수 있다. 증여세율도 10~50%의 누진세율이 적용되기 때문이다.

1) 증여세 합산과세 원리

동일인으로부터 10년 내 증여받으면 이를 합산해 증여세를 정산해야 한다. 여기서 동일인은 증여자의 배우자를 포함한다. 예를 들어 5년 전에 아버지로부터 증여받고 오늘 어머니로부터 증여를 받은 경우 이를 합산해 증여세를 계산해야 한다. 참고로 법에서 정하고 있는 합산배제증여재산은 합산에서 제외한다.[17)]

※ 증여재산의 합산 시 유의사항

- 동일인에는 증여자가 직계존속인 경우에는 그 직계존속의 배우자를 포함한다. 단, 증여자가 부·모일 경우 계모·계부는 동일인에 포함되지 아니한다.
- 부와 조부는 직계존속이라 할지라도 동일인에 해당하지 아니한다.
- 증여재산을 취득하는 데 소요된 부수비용을 증여자가 부담하는 경우에는 그 부대비용을 증여가액에 포함한다.[18)]

---

17) 이에는 상증법 제31조 제1항 제3호(재산 취득 후 해당 재산의 가치가 증가하는 경우), 제40조 제1항 제2호 · 제3호(전환사채의 주식 증여 등), 제41조의 3(주식 상장 증여), 제41조의 5(합병 상장 등 증여), 제42조의 3(재산가치 상승 증여)및 제45조의 2부터 제45조의 4(명의신탁, 특수관계법인 간 거래)까지의 규정에 따른 증여재산이 해당한다.

3. 적용 사례

서울에서 거주하고 있는 K씨는 아버지로부터 증여를 받으려고 한다. 자료가 다음과 같다고 할 때 물음에 답을 해보자.

〈자료〉
- 증여재산 : 5억 원
- 9년 전에 동일한 증여자로부터 1억 원을 증여받음.
- 수증자 : 35세인 자녀
- 기타 사항은 무시함.

Q. 증여세에서도 10년 누적합산과세를 하는 이유는?

증여세 누진세율(10~50%)을 적용받지 않기 위해 증여를 수회 반복하는 행위를 방지하기 위해서다. 이때 주의할 것은 합산되는 동일인에는 부부를 포함한다는 것이다.

Q. 증여재산가액은 얼마인가?

금회 증여분 1억 원과 10년 이내의 증여분 5억 원을 합한 6억 원이 증여재산가액이 된다.

Q. 앞의 자료에 따라 증여세를 계산하면 얼마나 나올까?

자료에 맞춰 증여세를 계산하면 다음과 같다.

18) 미성년자가 증여를 받을 때에는 취득세 등을 포함해 증여해야 추후 문제가 없다.

구분	금액	비고
총증여재산가액	5억 원	
(+) 증여재산가산액	1억 원	
(=) 증여재산가액	6억 원	
(-) 부담부증여 시 인수채무		
(=) 과세가액	6억 원	
(-) 증여재산공제	5천만 원	성년자 공제
(-) 감정평가수수료공제		
(=) 과세표준	5억 5천만 원	
(×) 세율	30%	
(-) 누진공제	6천만 원	누진공제액
(=) 산출세액	1억 500만 원*	

* 9년 전에 발생한 산출세액은 기납부세액으로 공제된다(한도 있음).

Q. 최종 증여를 받은 날로부터 3년 뒤에 K씨의 아버지가 사망해 상속이 발생했다고 하자. 이 경우 상속재산가액은 얼마나 될까? 단, 상속개시일 당시의 상속재산가액은 10억 원이다.

이 경우에는 상속재산가액이 총 15억 원이 된다. 상속개시일 당시의 재산가액은 10억 원이고, 10년 이내 증여한 재산가액 5억 원도 합산되기 때문이다. 다만, 10년(상속인이 아닌 자의 경우에는 5년) 이전에 증여한 재산은 기간 경과로 합산되지 않는다.

| 심층분석 | 수익형 부동산을 증여할 때 주의해야 할 부가가치세

임대료에 대해 부가가치세가 발생하는 부동산을 증여할 때 부가가치세가 발생할 수 있다. 세법은 이를 재화의 공급으로 보고 부가가치세를 과세하기 때문이다. 다만, 사업을 증여받거나 양수한 자는 일반과세자로 등록해서 해당 부가가치세를 환급받을 수 있으므로 과세의 실익이 없다. 그래서 포괄양수도계약에 해당하는 경우에는 부가가치세 없이 거래할 수 있도록 하고 있다. 사례를 통해 이에 대해 정리해보자.

〈자료〉

K씨는 상가임대사업장의 토지와 건물을 자녀에게 증여하고자 한다. 그는 증여에도 부가가치세가 있다는 말에 증여를 결정하지 못하고 있다.

Q. 이처럼 무상으로 증여하는 임대사업장의 토지와 건물에 대해서 계산서와 세금계산서를 수증자에게 교부해야 하는가?

그렇다. 부가가치세가 과세되는 상가 건물을 증여하는 것은 재화의 공급에 해당되어 부가가치세법상 부가가치세가 과세되는 것이 원칙이다. 따라서 세금계산서를 발행해야 한다.

Q. 만일 이 증여가 포괄양수도에 해당하면 세금계산서를 발행하지 않아도 되는가?

그렇다. 그 사업에 관한 모든 권리와 의무를 포괄적으로 승계시킨 경우에는 세금계산서 및 계산서 발급의무가 없기 때문이다. 다만, 권리와 의무를 포괄적으로 승계시켰는지 여부는 사실 판단할 사항에 해당한다. 다음의 예규를 참조하자.

※ 부가, 서면인터넷방문상담3팀-3163, 2006. 12. 15
[제목]
부동산 임대 건물 등을 증여 시 사업의 양도 여부

[요지]

부동산 임대업을 영위하는 사업자가 임대사업에 사용하던 부동산을 증여하는 경우에는 부가가치세가 과세되는 것임.

[회신]

부동산 임대업을 영위하는 사업자가 임대사업에 사용하던 부동산을 증여하는 경우에는 부가가치세법 제6조 제1항의 규정에 의하여 부가가치세가 과세되는 것이나, 다만, 사업장별로 그 사업에 관한 모든 권리와 의무를 포괄적으로 승계시키는 경우로서 부가가치세법 시행령 제17조 제2항의 규정에 의한 사업의 양도에 해당하는 경우에는 재화의 공급으로 보지 아니하는 것이므로 부가가치세가 과세되지 아니하는 것임.

Q. 앞의 사례에서 건물만을 증여하려고 한다. 이 경우에도 포괄양수도에 해당하는가?

영위하고 있는 임대업 전체가 승계되어야 포괄양수도계약이 성립한다. 따라서 이 경우에는 원칙적으로 세금계산서를 발행해야 한다.

Q. 앞의 사례에서 토지와 건물의 일부만 증여하려고 한다. 이 경우에도 포괄양수도에 해당하는가?

임대업의 일부만 지분으로 증여하는 경우에도 포괄양수도에 해당하지 않는다. 따라서 이 경우 증여가액에 대해 세금계산서를 발행해야 할 것으로 보인다.

※ 저자 주

빌딩 등의 증여를 양도로 보아 부가가치세를 과세하는 현행 세법의 태도는 문제가 있어 보인다. 부가가치세는 매매 등으로 부가가치가 발생할 때 발생하는 것임에도 불구하고, 부가가치가 발생하지 않는 증여에 대해 이를 과세하는 것은 문제가 있다고 판단되기 때문이다. 입법적인 개선이 필요해 보인다.

제 4 장

부담부증여 전에 점검해야 할 것들

01

부담부증여란 무엇인가?

일반적으로 자녀 등이 부동산을 증여받게 되면 증여세와 취득세의 부담이 상당하다. 따라서 이와 같은 세금들을 줄이기 위한 대안 탐색들이 많아지는데, 그중 대표적인 것이 '부담부증여'다. 이하에서 이에 대한 개념과 과세방식 그리고 이의 효과 등에 대해 알아보자.

1. 부담부증여란

증여 대상이 되는 부동산에 부채가 담보되어 있는 경우가 있다. 예를 들어 전세보증금이 있거나 해당 재산을 통해 대출을 받은 경우를 말한다. 이같은 상태에서 부채와 같이 증여하는 방식을 부담부증여라고 한다. 참고로 부담부증여는 증여의 한 유형이지, 양도의 한 유형에 해당하지 않는다.

> **※ 상증세 집행기준 47-36-1 [부담부증여]**
> 부담부증여는 증여재산에 담보된 증여자의 채무를 수증자가 인수한 경우를 말한다. 부담부증여에서 수증자가 인수한 채무는 증여재산의 가액에서 차감되며, 증여자는 채무액만큼 재산을 양도한 것으로 보아 양도세를 부담한다.

2. 부담부증여의 효과

1) 부담부증여와 세목

부담부증여를 하게 되면 다음과 같이 4개 항목의 세목이 발생하게 된다.

구분
증여 부분
양도 부분

국세	지방세
① 증여세	② 취득세
③ 양도세	④ 취득세

앞의 내용을 좀 더 구체적으로 살펴보자.

① 증여세

총증여재산가액에서 채무액을 공제한 잔액을 증여재산가액으로 하며, 이에 대해 수증자가 증여세를 내야 한다.

② 취득세(증여분)

증여취득에 대해 취득세율은 3.5% 또는 12%가 적용된다. 무상취득세율은 증여자의 조건에 따라 세율이 결정된다.

③ 양도세

증여재산가액에서 차감되는 채무를 양도 대가로 보고 이에 대해 양도세를 부과한다.

④ 취득세(양도분)

부담부증여에 따라 승계되는 채무는 유상대가로 보아 이에 대해 취득세가 1~12%까지 발생한다. 유상취득세율은 매수자(수증자)의 조건에 따라 세율이 결정된다.

2) 부담부증여의 효과

부담부증여를 하게 되면 일반증여에 비해 다음과 같은 효과를 누릴 수 있다.

첫째, 일반증여에 비해 증여세를 줄일 수 있다.

일반증여는 전체 증여재산가액에 대해 증여세를 과세하지만 부담부증여는 증여재산가액에서 채무를 차감한 잔액에 대해 과세하기 때문이다.

둘째, 일반증여에 비해 취득세를 줄일 수 있다.

일반증여의 취득세는 증여자의 조건에 따라 3.5~12%가 부과되나, 부담부증여 중 채무에 대한 취득세는 수증자의 조건에 따라 1~12%가 부과되기 때문이다. 통상 증여는 다주택자가 하므로 취득세 측면에서 일반증여가 불리하다.

셋째, 다만, 양도세를 부담할 수 있다.

일반증여 시에는 양도세가 발생하지 않지만, 부담부증여 시에는 양도세가 나오는 경우가 일반적이다. 다만, 비과세도 가능하므로 이 부분까지 확인해야 한다.

구분	비과세	과세	
		중과세*	일반과세
세부담	0원	기본세율+20~30%P	기본세율

* 양도세 중과세가 적용되면 부담부증여의 실익이 거의 없어진다.

Tip 부담부증여 시의 채무와 과세방법

세법에서는 부담부증여 시의 채무에 대한 인정 여부에 따라 과세방법이 달라진다.

항목	증여세	양도세
① 채무*로 인정되면	채무로 공제됨.	채무 공제분은 유상양도로 간주되어 증여자에게 양도세가 과세됨.
② 채무로 인정되지 않으면	채무로 공제되지 않고 전체에 대해 증여세가 과세됨.	해당 사항 없음.

* 전세보증금도 포함한다.

02 부담부증여에서의 채무 인정조건은?

부담부증여는 증여가액이 축소되는 한편, 취득세도 유상과 무상으로 나뉘면서 일반증여보다 세금이 줄어들 가능성이 높다. 그래서 요즘 일반증여의 대안으로 부담부증여를 선택하는 경우가 많다. 그렇다면 부담부증여에서 이전되는 채무는 무조건 인정이 될까? 이 부분은 실무적으로 상당히 중요한 의미를 가진다. 부담부증여로 신고를 했는데 채무가 부인이 되면 세금추징이 불가피하기 때문이다. 이하에서 이에 대한 내용들을 정리해보자.

1. 부담부증여로 인정되는 채무의 조건

증여재산에 담보된 채무가 있다고 해서 무조건 부담부증여로 인정되는 것이 아니라, 다음의 요건을 모두 충족해야 인정된다.

첫째, 증여일 현재, 증여재산에 담보된 채무가 있어야 할 것
둘째, 담보된 당해 채무가 채무자 명의에도 불구하고 반드시 실질적으로 증여자의 채무일 것
셋째, 당해 채무를 수증자가 인수한 사실이 증여계약서, 자금출처가 확인되는 자금으로 원리금을 상환하거나, 담보설정 등에 의해 객관적으로 확인이 될 것

앞의 내용을 세부적으로 살펴보자.

첫째, 증여재산에 담보된 채무가 있어야 한다.

이는 증여하고자 하는 재산을 기초로 발생하는 채무가 있어야 함을 의미한다. 이에는 대표적으로 금융기관을 통한 대출, 전세보증금 등이 있다.

※ 상증세 집행기준 47-36-3 [제3자의 채무로 담보된 재산이 증여될 경우 채무공제 여부]

제3자 채무의 담보로 제공된 재산을 조건 없이 증여받는 경우 이 채무는 증여가액에서 공제하지 아니하며, 수증자가 담보된 채무를 변제한 때에는 그 채무 상당액을 채무자에게 증여한 것으로 본다.

둘째, 부채는 명의와 관계없이 증여자의 채무에 해당되어야 한다.

부담부증여 시 이전되는 채무는 증여자의 채무에 해당되어야 그 채무는 증여재산가액에서 제외된다. 이때 이에 대한 입증책임은 거래당사자에 있다.

셋째, 당해 채무를 수증자가 인수했음이 확인되어야 한다.

부담부증여에 이전되는 채무는 수증자가 이를 인수받고, 이를 바로 상환해도 문제는 없다. 사후적으로 확인할 수 있으므로 유의해야 한다.

2. 적용 사례

사례를 들어 앞의 내용들을 알아보자.

〈자료〉

· 증여대상 주택 : 시가 5억 원, 기준시가 3억 원

· 자녀는 현재 무주택자임.

Q. 이 주택을 자녀에게 증여할 때 증여재산가액은 얼마인가?

증여세는 원칙적으로 시가로 과세되므로 5억 원이 증여재산가액이 될 가능성이 높다.

Q. 이 주택을 자녀가 증여받으면 취득세 과세표준은?

기준시가인 3억 원으로 결정될 것으로 보인다.

Q. 앞의 주택에 대한 대출을 2억 원에 실행한 후 대출과 함께 증여하면 부담부증여로 인정받는가?

앞에서 본 세 가지 요건(담보된 채무, 증여자의 채무, 채무인수)에 부합하면 부담부증여로 인정된다.

Q. 가족 간 부담부증여 시 채무는 무조건 인정되는가?

그렇지 않다. 일단 가족 간에 부담부증여 시 이전되는 채무는 인수하지 않는 것으로 추정한다. 따라서 이에 대한 입증을 하지 못하면 전체 금액에 대해 증여세가 발생하며, 입증하면 부담부증여로 보아 증여세와 양도세가 동시에 발생한다. 다음의 상증세 집행기준을 참조하기 바란다.

※ 상증세 집행기준 47-36-2 [배우자 또는 직계존비속 간의 부담부증여 시 채무공제 여부]

① 배우자 또는 직계존비속 간의 부담부증여에 대해서는 수증자가 증여자의 채무를 인수한 경우에도 그 채무액은 수증자에게 인수되지 아니한 것으로 추정한다.

② 배우자 및 직계존비속 등에게 양도한 재산을 증여로 추정하는 경우 당해 재산에 담보된 증여자의 채무가 있고, 동 채무를 수증자가 인수한 경우에도 ①과 같이 인수되지 아니한 것으로 추정한다.

③ 배우자 또는 직계존비속 간의 부담부증여의 경우에도 다음과 같이 채무가 객관적으로 인정되는 경우에는 채무로서 공제된다.

구분	채무의 입증방법
① 국가·지방자치단체 금융기관에 대한 채무	당해 기관에 대한 채무임을 확인할 수 있는 자료
② ①외의 자에 대한 채무	금융거래 증빙, 채무부담계약서, 채권자확인서, 담보설정 및 이자지급 관련 서류

→ 미성년자는 부채를 갚을 능력이 없으므로 앞의 부채 불인수 추정제도가 적용된다.

Q. 부담부증여계약서에 채무 승계 부분이 없는 경우 부담부증여로 보지 않는가?

아니다. 실제 채무가 승계되었다면 부담부증여로 인정된다. 실질이 중요함을 알 수 있다.

※ 심사 증여 98-58, 1998. 3. 27
증여계약서 및 부담부증여에 대한 조건이 없다고 하더라도 청구인이 전세보증금을 인수하여 부담한다고 봄이 타당하므로 부담부증여에 해당하는 상당액에 대하여 양도세를 과세함은 별론으로 하더라도 전세보증금은 증여재산가액에서 공제하여 증여세를 과세함이 타당하다고 판단된다.

Q. 증여자로 되어 있는 채무 명의는 반드시 수증자의 명의로 변경해야 부담부증여로 인정되는가?

그렇지 않다. 실질적으로 누가 채무를 부담하는지가 중요하다.

※ 상증, 서면인터넷방문상담4팀-1164, 2005. 7. 8
상증법 제47조 제1항 및 제3항 단서규정에 의하여 자녀로부터 증여받은 당해 재산에 담보된 증여자의 채무를 수증자가 인수한 사실이 같은 법 시행령 제10조 제1항 각호의 1의 규정에 의하여 입증된 때에는 증여재산의 가액에서 그 채무액을 공제한 금액을 증여세 과세가액으로 하는 것이며, 그 채무상당액에 대하여는 소득세법 제88조 제1항의 규정에 의하여 양도세가 과세되는 것임.
귀 질의의 경우 수증자가 증여자의 채무를 인수하였는지 여부는 채무자의 명의를 변경하였는지 여부에 관계없이 재산을 증여받은 후 당해 채무를 사실상 누가 부담하고 있는지 여부 등 실질내용에 따라 판단하는 것임.

Q. 만일 부담부증여로 인수한 채무를 증여계약일 이후 증여등기 전 수증자가 변제한 경우에도 부담부증여로 인정이 되는가?

그렇다. 직계존비속 간 부동산을 증여받기 전에 그 임대보증금(또는 은행대출금)을 먼저 변제한 데 대해 변제한 임대보증금을 부담부증여로 보아 증여가액에서 제외할 수 있다(국심 1999광2649, 2000. 8. 8 ; 국심 2003전2050, 2003. 9. 24).

Tip 상증세 집행기준 47-36-4 [토지·건물의 소유주가 다른 경우 임대보증금의 공제방법]

증여재산이 임대자산이고 토지와 건물의 소유자가 다른 경우의 임대보증금 공제는 귀속이 구분되는 경우 귀속에 따르고, 귀속이 불분명할 경우에는 증여일 현재, 토지와 건물의 시가(시가가 불분명할 경우 보충적 평가방법에 의한 평가액)에 의하여 안분한다.

03

지분을 초과해 부담부증여하는 경우 문제는 없는가?

부담부증여는 증여세를 줄이는 한편 취득세를 줄일 수 있는 수단이 되기도 한다. 그래서 부담부증여를 적극적으로 이용하는 일들이 많이 벌어지고 있다. 이하에서는 자기의 지분을 초과해 부채를 인수받은 경우 등의 세무상 쟁점에 대해 알아보자.

1. 공동담보 제공 중에 부담부증여하는 경우

1) 채무인수 인정 여부

아버지와 자녀가 건물과 토지를 각각 소유하면서 공동으로 담보를 제공하던 중 일방(아버지)이 채무를 빌린 상태에서 부담부증여를 하는 경우가 있다. 이때 부담부증여에 의해 인수한 채무도 세법상 인정이 될까? 이에 대해 과세관청은 실제로 인수한 채무를 증여재산가액에서 차감하도록 하고 있다. 다음의 예규를 참조하자.

※ 법규재산2013-440, 2013. 11. 29
공동담보로 근저당권이 설정된 부의 재산 중 일부를 증여받으면서 부의 채무 중 일정금액을 확정하여 인수한 경우로서 상증령 제10조 제1항 각호의 1의 규정에 따라 부의 채무를 자가 인수하였음이 증명되는 경우에는 같은 법 제47조 제3항 단서의 규정에 의하여 인수한 채무액을 증여재산가액에서 공제할 수 있는 것임.

2) 적용 사례

〈자료〉
아버지가 금융기관으로부터 금전을 차입하면서 아버지가 소유한 토지와 자녀가 소유한 건물을 금융기관에 공동담보로 제공했으며, 증여일 현재의 채무액과 재산 평가액은 다음과 같다.
① 채무액 : 3억 원
② 아버지가 소유한 토지의 평가액 : 6억 원
③ 자녀가 소유한 건물의 평가액 : 4억 원

Q. 아버지가 소유한 토지를 자녀에게 증여하는 경우 부담부증여로 인정되는 채무는 아버지가 부담한 총채무액일까? 아니면 총채무액을 공동담보된 재산의 비율로 안분한 금액일까?

사례의 경우 아버지의 채무를 아버지가 소유한 토지와 자녀가 소유한 건물이 공동으로 담보하는 경우로서 당해 토지를 증여받은 자녀가 아버지의 채무를 인수하였다는 증거가 입증되는 경우에는 그 인수한 채무액을 증여재산가액에서 차감할 수 있다(서면4팀 – 1727, 2004. 10. 26).

2. 증여재산가액을 초과한 채무를 인수한 경우

1) 초과한 채무 인수 시 증여세 과세 여부

증여재산가액보다 채무액이 더 많은 경우가 있다. 이때 증여가액은 발생하지 않고 채무액 전체가 양도가액이 된다. 그렇다면 증여재산가액을 초과한 채무부담액은 세법상 문제가 없을까? 아니다. 이는 증여자가 증여를 통해 채무부담을 수증자에게 이전시켰으므로 그 초과액은 수증자가 증여자에게 증여한 것으로 보게 된다. 따라서 증여자가 증여세를 부담해야 한다(역증여).

2) 적용 사례

Q. 만일 증여재산가액을 초과한 채무를 인수하면 그 초과한 부분에 대해서는 증여세가 과세되는가?

예를 들어 증여재산가액이 1억 원인데, 이에 담보된 채무가 2억 원인 상태에서 부담부증여를 하게 되면 증여재산가액을 초과한 채무 1억 원은 증여자가 역증여를 받은 것으로 보아 증여세를 내야 한다. 다음의 예규를 참조하기 바란다.

※ 상속증여과-2215, 2015. 12. 1

상증법 제47조 제1항에 의하여 증여받은 당해 재산에 담보된 증여자의 채무를 수증자가 인수한 사실이 입증된 때에는 증여재산의 가액에서 그 채무액을 공제한 금액을 증여세 과세가액으로 하는 것이나, 이 경우 수증자가 인수한 채무액이 증여재산가액을 초과하는 경우에는 당해 초과하는 금액에 대하여 상증법 제36조에 따라 수증자가 증여자에게 증여한 것으로 보는 것임.

04

가족 간의 주택 전세보증금도 부담부증여할 수 있을까?

가족이 보유한 주택에서 전세로 살면서 해당 주택을 증여받은 경우가 있다. 이때 해당 전세보증금을 부담부증여의 형태로 증여하는 것도 인정이 될까? 이하에서 사례를 들어 이에 대해 알아보자.

1. 사례

〈자료〉

아버지 소유 아파트에서 자녀가 거주 중임(시가 5억 원, 기준시가 3억 원, 전세보증금 4억 원).

참고로 부담부증여에 따른 취득세는 채무액에 대해서는 유상취득세율 '시가표준액-채무액'에 대해서는 무상취득세율을 적용하기로 함(2022년 기준). 구체적인 적용법은 다음 장에서 살펴볼 수 있음.

Q. 앞의 아버지 소유 아파트를 일반증여로 받으면 증여세와 취득세는 얼마인가? 단, 취득세율은 12%를 적용한다.

· 증여세 : (5억 원-5천만 원)×20%-1천만 원(누진공제)
= 8천만 원

· 취득세 : 3억 원×12% = 3,600만 원

계 : 1억 1,600만 원

Q. 앞의 아버지 소유 아파트를 부담부증여로 받으면 증여세와 양도세, 취득세는 얼마인가? 단, 부담부증여 시 취득가액은 2억 원, 양도세율은 60%, 무상취득세율은 12%, 유상취득세율은 1%를 적용한다.

· 증여세 : (1억 원-5천만 원)×10% = 500만 원

· 양도세 : (4억 원-2억 원)×60% = 1억 2천만 원

· 유상취득세 : 4억 원×1% = 400만 원

계 : 1억 2,900만 원

Q. 앞의 아버지 소유 아파트를 부담부증여로 받으면 증여세와 양도세, 취득세는 얼마인가? 단, 부담부증여 시 양도세는 비과세, 무상취득세율은 12%, 유상취득세율은 1%를 적용한다.

· 증여세 : (1억 원-5천만 원)×10% = 500만 원

· 양도세 : 0원(가정)

· 유상취득세 : 4억 원×1% = 400만 원

계 : 900만 원

참고로 위의 사례에서 시가표준액 3억 원이 채무액 4억 원보다 더 적기 때문에 증여에 따른 취득세는 부과되지 않는다(2022년 기준).

Q. 가족 간의 전세보증금도 부담부증여 시 인정이 되는가?

가족 간에 발생한 채무(전세보증금)라도 앞에서 본 세 가지 요건을 충족한 경우라면 세법상 인정이 된다. 따라서 아버지가 소유한 주택에 자녀와 전세계약을 체결 후 자녀가 거주하는 경우, 실질이 전세계약을 체결하고 대금을 주고받는 등 전세계약이 명백한 경우에는 부모 자식 간이라도 전세계약을 인정받을 수 있다. 이때 전세계약서, 실지거주현황, 전세보증금 지급내역에 대한 금융증빙 등 구체적인 사실관계를 종합해 판단할 사항으로 객관적으로 입증되어야 한다. 다음 예규를 참조하기 바란다.

※ 재산세과-915, 2010. 12. 10

[제목]

직계존비속 간 임대차계약이 체결된 재산을 부담부증여하는 경우

[요지]

직계존비속 사이에 임대차계약이 체결된 재산을 증여하면서 해당 재산에 해당하는 채무(임대보증금)를 수증자가 인수하는 사실이 입증된 때에는 증여재산의 가액에서 그 채무를 차감하는 것임.

[회신]

상증법 제47조 제1항 및 제3항 단서의 규정에 따라 직계존비속 간의 부담부증여로 인하여 증여일 현재 당해 증여재산에 담보된 증여자의 채무로서 수증자가 인수한 사실이 같은 법 시행령 제10조 제1항 각 호의 1의 규정에 의하여 입증된 때에는 그 채무액을 차감한 금액을 증여세 과세가액으로 하는 것이며, 그 채무상당액에 대하여는 소득세법 제88조 제1항의 규정에 의하여 양도세가 과세되는 것임. 귀 질

의의 경우 모친과 수증자인 아들 사이의 임대차계약에 따른 모친의 임대보증금채무를 사실상 수증자가 인수한 것이 확인되는 때에는 그 채무액을 증여재산가액에서 차감하는 것이나, 이에 해당하는지 여부는 구체적인 사실을 확인하여 판단할 사항임.

【관련 참고자료】

1. 사실관계 및 질의내용

• 사실관계

- 모친 명의 아파트(기준시가 2억 3천/시세 2억 6천)를 금년 4월에 1억 7천에 전세 계약해서 살고 있음.
- 4월 중 리모델링한 비용 1,600만 원은 자녀가 리모델링업자에게 송금하였음.
- 그리고 전세계약서에 계약금은 리모델링비용으로 송금한 금액으로 하기로 명시하였으며 나머지 잔금 1억 5,400만 원을 11월에 송금하였음.
- 12월에 모친으로부터 모친명의 아파트를 증여받으려고 함.

• 질의내용

- 자녀가 부모와 계약을 하고 전세금을 전달한 경우도 증여 시 부담부증여로 인정받을 수 있는지 여부와 증빙자료

05

인수한 채무에 대한 사후관리는?

부담부증여를 통해 수증자가 인수한 채무는 과세관청으로부터 집중적인 감시를 받을 수 있다. 부채를 인수한 수증자가 해당 채무를 상환하고 있는지 등의 여부를 확인하기 위해서다. 만일 해당 채무를 증여자가 상환한 경우에는 다양한 세무상 쟁점들이 발생한다. 이하에서 알아보자.

1. 부담부증여에 대한 취소 여부

부담부증여를 통해 수증자가 인수한 채무를 수증자가 아닌 증여자가 상환하고 있는 경우라면 부담부증여 신고가 잘못된 것으로 인정될 수 있다. 이렇게 되면 양도세가 취소되는 한편 증여세가 과세될 수 있다.

※ 상증, 국심2003중2533, 2003. 12. 19

[제목]

채무액의 부담부증여 해당 여부

[요지]

부로부터 증여받은 부동산에 근저당 설정된 채무액에 대하여 증여일 이후 아들이 이자를 부담하였다는 증빙 등이 없어 이를 인수한 것으로 볼 수 없으므로 동 채무를 증여재산가액에서 공제하지 아니함.

2. 차입금에 대한 사후관리

일단 유효하게 성립한 부담부증여 후에 차입금에 대한 원금과 이자를 부모 등이 상환한 경우에는 해당 금액에 대해 증여세가 과세될 수 있다. 상증법 제45조 제2항에서는 '채무자의 직업, 연령, 소득, 재산 상태 등으로 볼 때 채무를 자력으로 상환하였다고 인정하기 어려운 경우로서 대통령령으로 정하는 경우에는 그 채무를 상환한 때에 그 상환자금을 그 채무자가 증여받은 것으로 추정하여 이를 그 채무자의 증여재산가액으로 한다'라고 하고 있어 이에 대한 입증책임을 상환자에게 지우고 있다.

3. 전세보증금에 대한 사후관리

자녀가 소유한 주택에 부모와 전세계약 등을 체결 후 부모가 거주하는 경우에도 동 전세금 등을 부모가 자녀에게 증여한 것으로 추정한다. 따라서 이에 대한 계약이 정상적으로 일어났음을 거래당사자가 입증해야 한다. 그 결과 실질이 전세계약 등을 체결하고 대금을 주고받는 등 전세계약 등이 명백한 경우에는 부모 자식 간이라도 전세계약 등이 인정될 수 있다. 다만, 이후 임대차계약기간의 만료로 인해 자녀가 부모님에게 반환할 의무가 있는 그 전세금 등을 자녀가 면제받거나 반환하지 아니한 경우에는 증여에 해당해 자녀에게 상증법 제36조(채무면제 등에 따른 증여)에 따라 증여세가 과세될 수 있다.

Tip 부채 상환에 대한 해명자료 제출 안내

과세관청에서는 부담부증여 시 채무가액 등으로 공제된 금액에 대해서는 수시로 이에 대한 사후관리를 하고 있음에 유의해야 한다. 만일 부채 상환을 했음에도 이에 대한 자금출처를 입증하지 못하면 증여세가 과세될 수 있다.

【상속세 및 증여세 사무처리규정 별지 제17호 서식】(2011. 4. 1. 개정)

기 관 명

부채 상환에 대한 해명자료 제출 안내

문서번호 : 재산 -

○ 성명 : 귀하 ○ 생년월일 :

안녕하십니까? 귀댁의 안녕과 화목을 기원합니다.

20 . . . 귀하의 상속 · 증여세 결정(또는 자금출처조사) 당시 인정(확인)된 부채가 현재 변제된 것으로 확인되었습니다. 이에 귀하가 해당 부채를 상환했는지를 확인하고자 하니 20 . . .까지 아래의 해명자료를 제출해주시기 바랍니다(제출 요청 근거 : '상속세 및 증여세법' 제84조).

해명 요청 사항	해명 사항에 대한 증거 서류
- 상환일자 : - 상환금액 : - 상환수단 : - 상환자금 출처 :	

해명자료를 제출할 때에는 이에 대한 증거 서류를 함께 보내 주시기 바라며, 요청한 자료를 제출하지 않거나 제출한 자료가 불충분할 때에는 증여받은 것으로 추정되어 세금이 부과되거나 사실 확인을 위한 조사를 할 수 있음을 알려드립니다.

년 월 일

기 관 장

위 내용과 관련해 문의 사항이 있을 때에는 담당자에게 연락하시면 친절하게 상담해 드리겠습니다. 성실납세자가 우대받는 사회를 만드는 국세청이 되겠습니다.

◆ 담당자 : ○○세무서 ○○○과 ○○○ 조사관(전화 : , 전송 :)

210㎜×297㎜(신문용지 54g/㎡)

06 부담부증여 시 양도세 비과세 적용법은?

부담부증여는 하나의 거래에서 증여와 양도가 동시에 발생하다 보니 증여와 양도에 대한 세제가 한꺼번에 적용되어 한층 더 주의를 요한다. 이하에서는 주택을 부담부증여할 때 양도세 비과세가 어떤 식으로 적용되는지 이에 대해 알아보자.

1. 증여자가 1세대 1주택을 보유한 상태에서 부담부증여하는 경우

증여자가 1세대 1주택을 보유한 상태에서 부담부증여하면 다음과 같이 과세 또는 비과세 여부가 결정된다.

1) 수증자가 동일 세대원인 경우

수증자가 배우자나 자녀 등 동일 세대원인 경우에는 여전히 1세대 1주택을 형성한다. 따라서 다음과 같은 세금관계가 형성된다.

- 증여분 : 수증자에게 증여세 과세
- 양도분 : 증여자에게 양도세 과세(또는 비과세)

※ 재산-4142, 2008. 12. 8, 서면4팀-1546, 2004. 10. 1
소득세법 제88조 제1항에 따라 부담부증여에 있어서 증여자의 채무를 수증자가 인수하는 경우에는 증여가액 중 그 채무액에 상당하는 부분은 유상양도로 보아 양도세가 과세되는 것으로서 동일 세대원에게 부담부증여하는 경우에도 양도세가 과세되는 것임.

※ 서면인터넷방문상담4팀-12, 2005. 1. 4
[제목] 동일 세대원에게 부담부증여하는 경우 양도세 과세 여부
[회신]
소득세법 시행령 제154조 제1항의 규정에 의한 1세대 1주택 비과세를 적용함에 있어 1주택을 소유한 거주자가 배우자에게 부담부증여를 하는 경우에는 양도세가 비과세되는 것임.

2) 수증자가 별도 세대원인 경우

별도 세대원인 자녀 등에게 부담부증여하는 경우 다음과 같이 세금관계가 형성된다.

- 증여분 : 수증자에게 증여세 과세
- 양도분 : 증여자에게 양도세 과세(또는 비과세)

2. 증여자가 일시적 2주택 보유한 상태에서 부담부증여하는 경우

증여자가 1세대 일시적 2주택을 보유한 상태에서 부담부증여하면 다음과 같이 비과세 여부가 결정된다.

1) 수증자가 동일 세대원인 경우

국내 1주택을 소유한 거주자가 다른 주택을 취득하고 종전의 1주택을 동일 세대원에게 부담부증여(負擔附贈與)하는 경우, 일시적 2주택의 특례 규정이 적용되지 아니하는 것이다(법규-536, 2006. 2. 14. ; 서면5팀-1191, 2007. 4. 11).

→ 일시적 2주택 상태에서 부담부증여해도 여전히 1세대 2주택이 유지되기 때문에 동일 세대원한테 부담부증여하는 일시적 2주택은 비과세가 적용되지 않는 것으로 보인다. 비과세 판단은 세대단위로 하기 때문이다.

2) 수증자가 별도 세대원인 경우

청구인이 종전주택(쟁점 주택)을 양도(부담부증여)하기 전에 신주택을 취득함으로써 일시적 2주택 소유자가 된 경우와 다를 바 없으므로 일시적 1세대 2주택의 특례 규정을 적용해 쟁점 주택을 비과세대상으로 보아야 한다(국심 2001서3220, 2002. 4. 26).

→ 증여도 하나의 취득에 해당하므로 일시적 2주택 비과세가 성립한다.

3. 주의해야 할 다가구주택의 부담부증여

다가구주택은 여러 가구가 함께 거주하는 단독주택에 해당한다. 그런데 세법은 원칙적으로 다가구주택은 공동주택으로 분류하고 있으나, 예외적으로 소득세법 시행령 제155조 제15항 단서에는 다가구주택을 구획된 부분별로 양도하지 아니하고 하나의 매매단위로 해서 양도하는 경우에는 그 전체를 하나의 주택으로 본다고 하고 있다. 따라서 다가구주택을 부담부증여하면 이는 하나의 매매단위로 해서 양도한 것이 아니기 때문에 다가구주택이 아닌 공동주택으로 보아 세법을 적용한다. 따라서 비과세 요건을 충족한 다가구주택을 부담부증여하면 비과세가 적용되지 않는다. 잘못 판단하면 예기치 않은 봉변을 당할 수 있으니 주의하기 바란다(단, 저자는 이러한 과세방식에 동의하지 못한다. 부담부증여에 따라 포괄적으로 사업이 승계되었다면 부가가치세를 발생시키지 않는 것이 타당하기 때문에 그렇다).

※ 서면부동산 2020-4396, 2021. 7. 20
부담부증여하는 다가구주택은 공동주택에 해당함.

Tip 89-156-4 [부담부증여 주택의 고가주택 판정]

주택을 부담부증여하는 경우 수증자가 인수하는 채무액이 9억 원 미만에 해당되더라도 전체의 주택가액[채무액×(증여가액÷채무액)]이 9억 원을 초과하면 고가주택으로 본다(2010. 6. 23 제정).

〈사례〉

1세대 1주택 비과세 요건을 충족하는 주택을 아들에게 증여함.

· 증여재산가액(시가) : 13억 원, 전세보증금 : 6억 원 인수 조건임.

☞ 주택가액 13억 원[=6억 원×(13억 원÷6억 원)]으로 고가주택에 해당함. 참고로 위 고가주택기준은 2021년 12월 8일부터 12억 원으로 인상되었다.

07

부담부증여로 받은 부동산의 양도세 과세방식은?

부담부증여받은 부동산을 향후 양도할 때 세무상 쟁점들은 그리 많지 않다. 실제 양도가액에서 증여 당시에 신고한 취득가액을 차감해서 양도차익을 계산하면 되기 때문이다. 다만, 부담부증여 후 5년 내 양도해 취득가액 이월과세가 적용되는 경우에는 약간 복잡한 문제가 발생한다. 이하에서는 주로 부담부증여로 취득한 부동산의 양도세 과세방식에 대한 대략적인 내용을 알아보자.

1. 부담부증여로 취득한 부동산의 양도세 과세방식

부담부증여로 받은 부동산을 양도하면 양도세 계산구조에 따라 양도세를 계산하면 된다. 구체적으로 양도가액에서 취득가액을 차감해 양도차익을 계산하고 취득일 이후의 보유기간을 기준으로 장기보유특별공제 등을 적용한다. 이를 요약하면 다음과 같다.

구분	부담부증여로 취득한 부동산	
	양도분	증여분
양도가액	실거래가액	좌동
취득가액	증여 당시 신고한 가액	좌동*
기타필요경비	실제 경비	좌동
장기보유특별공제	취득일~양도일	좌동
세율 적용	취득일~양도일	좌동
감면세액	취득 이후 감면요건 충족 여부에 따라 감면	좌동

* 증여받은 재산을 5년 내 양도하면 취득가액을 증여자의 것을 이월시켜 산정한다. 이를 취득가액 이월과세제도라고 한다. 따라서 부담부증여 중 양도분에 대해서는 이 제도가 적용되지 않는다.

부담부증여로 취득한 부동산을 양도할 때에 양도세 과세방식은 일반증여와 같다. 다만, 취득가액 이월과세는 증여분에 대해서만 적용되며, 양도분에 대해서는 적용되지 않는 차이가 있다. 따라서 당초 증여자가 취득한 가액을 증여분과 양도분으로 안분해야 하므로 계산과정이 다소 복잡할 수 있다. 이에 대해서는 159페이지에서 별도로 살펴보자.

2. 적용 사례

사례를 들어 앞의 내용을 확인해보자.

〈자료〉

· 7년 전에 부담부증여로 취득한 부동산을 양도하고자 함.
· 7년 전에 부담부증여로 취득한 가액은 다음과 같음.
  - 총증여재산가액 : 5억 원
  - 증여재산가액 : 3억 원
  - 양도가액(채무) : 2억 원
· 증여자는 위 부동산을 10년 전에 취득했음. 이때 취득가액은 2억 원이었음.

Q. 이 부동산을 6억 원에 양도하면 양도차익은?

양도가액 6억 원에서 부담부증여 시의 취득가액 5억 원을 차감한 1억 원이 된다.

Q. 장기보유특별공제율은 6~30%가 적용된다고 하자. 이 경우 공제율은?

7년을 보유했기 때문에 14%가 적용된다. 다만, 양도 당시 중과세 대상에 해당하는 경우에는 이 공제가 적용되지 않는다. 한편 세율도 증여일 이후의 보유기간에 따른 세율이 적용되는 게 원칙이다.

Q. 만일 앞의 부동산에 대해 취득가액 이월과세가 적용된다면 취득가액은 어떤 식으로 적용되는가?

취득가액 이월과세가 적용되면 증여분에 해당하는 취득가액만 수정이 될 수 있다. 양도분에 대해서는 이월과세가 적용되지 않기 때문이다. 사례의 경우 당초 취득가액은 10년 전에 취득한 2억 원이었다. 따라서 이 금액 중 이월과세가 적용되는 취득가액은 다음과 같이 계산한다.

$$\cdot \text{당초의 취득가액 2억 원} \times \frac{\text{증여재산가액 3억 원}}{\text{총증여재산가액 5억 원}} = \text{1억 2천만 원}$$

Q. 취득가액 이월과세가 적용되는 경우 양도차익은 얼마인가?

양도차익은 2억 8천만 원이 된다. 양도가액이 6억 원이고 여기에서 양도분 취득가액 2억 원과 증여분 이월과세 취득가액 1.2억 원을 합한 3.2억 원을 빼면 이 금액이 되기 때문이다. 이렇듯 취득가액 이월과세가 적용되면 양도차익이 늘어날 수 있으므로 '5년' 이후에 매도가 필요함을 알 수 있다.

☞ 부담부증여에 따른 취득가액 이월과세는 뒤에서 좀 더 심도 있게 검토해보자.

08

부담부증여 시 취득가액 이월과세는 어떻게 적용되는가?

부담부증여로 받은 주택을 양도하는 경우 양도세를 부과받게 된다. 그런데 이때 증여를 통해 양도하는 경우에는 취득가액 이월과세가 적용된다. 그렇다면 이 제도는 어떻게 작동할까?

1. 부담부증여와 이월과세 적용원리

1) 부담부증여 중 증여분

취득가액 이월과세제도는 그 배우자나 직계존비속으로부터 증여받은 부동산을 그 증여일로부터 소급해 5년 이내 양도하는 경우, 소득세법 제97조의 제4항에 따라 당초 증여자의 취득가액으로 수증자의 양도차익을 산정하는 제도를 말한다.

2) 부담부증여 중 양도분

채무를 수증자가 인수하는 조건으로 증여하는 경우 당해 부담부증여 중 양도분은 증여가 아니므로 양도세 이월과세 적용대상에 해당하지 아니한다.

2. 적용 사례

사례를 통해 앞의 내용을 확인해보자.

〈자료〉

· 증여대상 주택 : 시가 5억 원, 담보된 채무 2억 원, 당초 취득가액 2억 원

Q. 앞의 주택을 자녀에게 부담부증여하면 증여재산가액과 양도가액은 각각 얼마인가?

전체 증여재산가액은 5억 원이나 이 중 채무가 2억 원이므로 증여재산가액은 3억 원, 양도가액은 2억 원이다.

Q. 앞의 주택을 수증일로부터 5년 내 양도하는 경우 양도차익은 얼마인가? 단, 자녀의 양도가액은 6억 원이다.

이 물음은 부담부증여로 받은 부동산의 양도세 계산 시 취득가액을 제대로 찾는 것이 포인트다. 증여로 받은 부동산의 경우 취득가액 이월과세가 적용되기 때문이다. 참고로 취득가액 이월과세를 적용하면 오히려 이를 적용하지 않는 것에 비해 세금이 줄어들면

이 제도를 적용하지 않는다. 따라서 부담부증여 시의 취득가액과 이월과세를 적용한 취득가액 중 작은 것을 취득가액으로 산정해야 한다. 이를 기준으로 계산하면 다음과 같다.

· 양도가액 : 6억 원
· 취득가액 : Min[5억 원, 2억 원+①*]
= Min[5억 원, 2억 원+1억 2천만 원=3억 2천만 원]
= 3억 2천만 원
· 양도차익 : 2억 8천만 원

* ① 이월과세 취득가액 = 2억 원× $\frac{\text{증여재산가액 3억 원}}{\text{총증여재산가액 5억 원}}$ = 1억 2천만 원

사례의 경우 증여분에 대한 취득가액 이월과세액은 1억 2천만 원이고, 부담부증여 시 양도가액은 2억 원이었으므로 총 3억 2천만 원이 취득가액이 된다. 따라서 양도차익은 2억 8천만 원이 된다.

※ 양도, 부동산거래관리과-0819, 2011. 9. 23

[제목]

부담부증여로 취득한 부동산 양도 시 취득가액 산정 방법 등

[요지]

양도세 이월과세대상 취득가액은 증여자의 취득가액 중 증여지분해당액에 수증자(양도자)의 증여재산가액 중 증여세 과세가액에 상당하는 부분이 차지하는 비율을 곱하여 계산한 금액임.

[회신]

부담부증여로 취득한 부동산을 양도하는 경우 소득세법 제97조 제4항에 규정하는 이월과세대상 취득가액은 증여자 을(乙)의 취득가액 중 증여지분해당액(A)에 수증자(양도자) 갑(甲)의 증여재산가액(D) 중 증여세 과세가액(E)에 상당하는 부분이 차지하는 비율을 곱하여 계산한 금액이며, 부담부증여분 취득가액은 증여자가 부담부증여한 채무액(C)이 되는 것이고, 거주자가 양도일부터 소급하여 5년 이내 그 배우자(양도 당시 혼인관계가 소멸된 경우를 포함하되, 사망으로 혼인관계가 소멸된 경우는 제외한다) 또는 직계존비속으로부터 증여받은 토지, 건물, 특정시설물이용권을 양도하여 양도차익을 계산할 때, 소득세법 제97조의 2 제1항에 따른 이월과세규정이 적용된다(소법 §97의 1 ①). 다만, 부담부증여로 취득한 자산 중 양도로 보는 부분은 배우자 이월과세 규정이 적용되지 아니한다(서면4팀-3628, 2006. 11. 2).

| 심층분석 | 공동임대사업자가 주의해야 할 이자비용 처리법

부부나 기타 가족 간에 상가나 빌딩 등을 공동으로 취득하거나 지분을 증여받아 공동사업자가 된 후에 이를 임대하는 경우가 종종 있다. 이들은 자신의 소득배분율에 따라 소득을 분배받아 해당 소득에 대해 각자가 소득세를 낸다. 그런데 이 과정에서 승계하거나 조달한 차입금이자가 사업경비로 인정되지 않을 수 있다. 이하에서 사례를 통해 이에 대한 내용과 대책 등을 알아보자.

〈사례〉

경기도 일산에서 거주하고 있는 갑과 을은 부동산 임대업을 영위할 목적으로 공동으로 출자한 후 부동산을 취득하고자 한다. 다음 자료에 맞춰 물음에 답하면?

〈자료〉

· 출자금 : 갑 2억 5천만 원+을 2억 5천만 원 = 총 5억 원

· 부동산 취득자금 : 15억 원

Q. 출자금은 대출받은 자금이다. 이에 대한 이자는 사업경비로 인정받을 수 있는가?

일반적으로 공동사업자가 공동사업과 관련해 은행 등으로부터 조달한 차입금에 대한 이자는 사업경비로 인정된다. 하지만 공동사업자가 공동사업에 출자하기 위해 조달한 차입금에 대한 이자는 당해 공동사업장의 소득금액 계산에 있어서 업무와 관련 없는 비용에 해당해 사업경비로 보지 않는다. 따라서 실무상 출자금과 사업용 부채의 구분이 상당히 중요하다.

Q. 사례에서 부동산을 취득하는 경우 재무상태표는?

사례에서 갑과 을은 출자금 5억 원과 차입금 10억 원을 가지고 15억

원의 부동산을 매입했다. 이의 정보를 토대로 재무상태표를 만들어 보면 다음과 같다.

자산 15억 원	부채 10억 원 자본 5억 원
합계 15억 원	합계 15억 원

Q. 앞의 건물을 월 500만 원에 임대한다고 하자. 그리고 부채에서 발생한 이자는 월 200만 원이라고 하자. 이때 이자가 경비로 인정되는 경우와 인정되지 않는 경우의 과세소득은 어떻게 되는가?

연간 임대수입은 6천만 원(500만 원×12개월)이고 임대비용(이자)은 2,400만 원(200만 원×12개월)이 되는데, 만일 차입금이자가 경비로 인정되면 임대수입에서 임대비용을 뺀 임대소득금액은 3,600만 원이 되고, 경비로 인정되지 않으면 임대소득금액은 6천만 원이 된다.

Q. 부족자금 10억 원에 대한 이자는 사업경비로 인정되는가?

공동사업과 관련된 차입금의 이자는 원칙적으로 사업경비로 인정된다. 하지만 출자금과 관련된 차입금에 대한 이자는 사업경비로 인정되지 않는다. 그렇다면 사례의 경우에는 전자에 해당할까? 후자에 해당할까? 이에 대해 과세관청은 예규 등을 통해 '출자금의 조달을 위한 차입금에 해당하는지, 아니면 공동사업과 관련한 차입금에 해당하는지 여부는 관련 사실관계를 종합적으로 고려하여 판단할 사항이다(서면1팀-1356, 2005. 11. 8 등)'라고 하고 있다. 이처럼 사실관계에 따라 이에 대한 판단이 달라질 수 있으므로 세무상 위험이 상존하게 된다.

그러나 저자는 출자 이후에 발생한 차입금은 명백히 사업용 부채에 해당하고, 이에 대한 이자는 임대수입에 대응되는 비용에 해당하므로 사업경비로 인정하는 것이 타당하다고 본다. 과세관청이 공동사업자가 부동산 취득을 위해 조달한 차입금에 대한 이자를 인정하지 않으면, 단독임대사업자에 비해 현저한 세부담의 불공평이 발생하기 때문이다. 예를 들어, 이 사례의 부동산을 개인이 단독으로 취득한 경우 공동사업자와 사업의 내용이 같음에도 불구하고, 단독사업자는 이자를 전액 인정받고, 공동사업자는 인정받지 못하는 불합리함이 발생한다. 따라서 공동임대사업자가 부담한 차입금이 부동산 취득을 위해 소요된 경우라면 이에 대한 이자는 전액 비용으로 인정되어야 한다는 것이다.

<table>
<tr><th colspan="2">단독임대사업자</th><th colspan="2">공동임대사업자</th></tr>
<tr><td rowspan="2">자산 15억 원</td><td>부채 10억 원</td><td rowspan="2">자산 15억 원</td><td>부채 10억 원</td></tr>
<tr><td>자본 5억 원</td><td>자본 5억 원</td></tr>
<tr><td>계 15억 원</td><td>계 15억 원</td><td>계 15억 원</td><td>계 15억 원</td></tr>
</table>

Q. 이 사례에서 출자금은 총 5억 원이고, 10억 원이 차입금이었다. 그런데 출자금을 1억 원으로, 나머지 14억 원은 은행이나 개인차입을 통해 조달한다고 하자. 이렇게 하는 것이 도움이 될까?

당연하다. 과세소득이 줄어들기 때문이다. 물론 이러한 행위가 도움이 되려면 출자금이 아닌 사업용 부채에 대한 이자는 확실히 경비로 인정되어야 한다. 하지만 현재 과세관청은 공동임대사업자의 차입금 이자에 대해서는 사실판단의 잣대를 들이밀고 있으므로 신중하게 판단을 해야 할 것으로 보인다.

Q. 실무상 세무리스크를 최소화하기 위해서는 어떻게 하는 것이 좋을까?

임대사업자가 취득한 부동산의 차입금이자에 대해서는 세무상 리스크가 있음을 알았다. 그렇다면 이에 대한 리스크를 최소화하기 위해서는 어떻게 해야 할까?

① 단독임대사업자

단독임대사업자에 대해서는 출자금 개념을 적용하지 않고 있다. 따라서 단독으로 부동산을 취득한 경우 차입금이자는 전액 사업경비로 인정을 받을 수 있다. 이처럼 단독임대사업자는 차입금이자에 대한 리스크를 부담하지 않는다.

② 공동임대사업자

공동임대사업자에 대해서는 출자금 개념을 적용하고 있으므로 공동으로 부동산을 취득한 경우 차입금이자에 대해서는 비용처리가 힘들 수 있다. 따라서 공동사업 전에 출자금과 비출자금을 명확히 구분하고, 공동사업장의 총수입금액을 얻기 위해 발생한 차입금이자로 인정받을 수 있도록 계약서부터 정교히 작성하고, 세무전문가의 조언을 받아 실무처리를 하는 것이 좋을 것으로 보인다. 계약서 작성 시 다음의 내용을 참조하자.

Tip 공동임대사업자의 동업계약서

동업계약서

상호명 :
사업장 : ○○시 ○○○구 ○○○동
출자자 : ○○○, ○○○

제1조【목적】 상기 2인 출자자는 상기 사업장에 대한 임대업을 20○○년 ○○월 ○○일부터 공동으로 사업함에 있어서 출자 및 경영 등을 통해 상호 이익의 증진을 목적으로 한다.

제2조【출자금액】 총출자금액은 ○억 원으로 하고, 상기 출자자는 1인당 각각 ○억 원을 출자한다.

제3조【출자시기】 출자시기는 20○○년 ○○월 ○○일을 원칙으로 하되, 특별한 사정이 있는 경우에는 20○○년 ○○월 ○○일까지는 입금해야 한다.

제4조【자금조달】 공동사업을 위해 필요한 차입금은 동업 계약체결 후 은행대출금 및 보증금 승계 등으로 하기로 하며, 이에 해당하는 이자는 공동사업(조합)의 수익에서 부담하기로 한다.

제5조【손익분배 및 분배율】 공동사업에 따른 손익은 임대수입에서 대출이자비용 등 각종 경비를 차감한 금액으로 계산하되 손익분배는 각각의 출자금액 지분인 50%로 한다.

제6조【통장관리】 공동사업에 따른 통장은 사업자등록증상 대표공동사업자의 것을 사용하되, 사업자금과 관련된 인출은 출자자의 동의를 얻어 집행하기로 한다.

제7조【세금부담 등】 이 사업을 통해 발생하는 종합소득세 등은 위 손익분배비율에 따라 각자가 부담하기로 한다.

제8조【탈퇴】 지분탈퇴 시는 동업자 전원의 동의를 받아야 한다.

제9조【기타】 이 계약서에 정하지 않은 사항은 동업자 상호협의해 정하기로 하며, 이 계약서를 작성해 각각 1통씩 보관하기로 한다.

20○○년 ○○월 ○○일

성명 : ○○○ (주민등록번호 : -)
주소 :

성명 : ○○○ (주민등록번호 : -)
주소 :

출자금 입금 내역

출자자	입금일	금액	입금내역
○○○			
	계		
○○○			
	계		
총계			

※ 저자 주

부담부증여로 단독사업자가 공동사업자가 된 경우 승계된 금융 차입금에 대한 이자비용을 인정받지 못할 수 있다. 주의하기 바란다.

제 5 장

부담부증여 절세 특집

01

일반증여와 부담부증여의 과세방식은 어떻게 차이가 나는가?

앞에서 본 부담부증여는 4가지 형태의 세목이 발생한다. 이러한 특성으로 인해 일반증여에 비해 세금이 줄어들 가능성이 높다. 단일 증여세가 증여세와 양도세로 이원화되고, 취득세도 증여와 양도에 따른 취득세로 이원화되기 때문이다. 다만, 양도세 중과세가 적용되는 경우에는 반대의 상황이 연출될 수도 있다. 이하에서는 증여자와 수증자의 관점에서 일반증여와 부담부증여를 비교해보고 이에 대한 분석도 차근차근 해보자.

1. 증여자

일반증여에 있어 증여자는 본인의 재산을 무상으로 이전하기 때문에 부담하는 세금은 없다. 다만, 증여재산에 담보된 부채(은행채무, 전세보증금)를 승계하는 조건으로 증여(부담부증여)를 한 경우 해당 부채는 증여에서 제외가 되는 한편, 이는 유상양도에 해당하는 것으로 보아 증여자에게 양도세가 부과된다.

· 일반증여 시 → 증여자가 부담하는 세금은 없음.
· 부담부증여 시 → 증여자는 양도세를 부담함.

참고로 증여자가 주택을 증여한 후에 남은 주택을 1세대 1주택으로 양도할 때에는 비과세 요건에 주의해야 한다. 증여로 주택 수를 분산한 후에 남은 주택을 바로 양도해 비과세 받는 것을 규제하고 있기 때문이다.

2. 수증자

일반증여에 있어 수증자는 우선 두 가지의 세금이 발생한다. 그것은 다름 아닌 증여세와 취득세다. 전자는 국세이며, 후자는 지방세다. 한편 부담부증여의 경우 일부는 증여, 일부는 유상양도가 되어 증여세는 줄어들며, 취득세는 유상취득에 따른 취득세와 무상취득에 따른 취득세로 구분되어 과세된다. 이를 정리하면 다음과 같다.

· 일반증여 시 → 수증자가 부담하는 세금은 증여세와 취득세다.
· 부담부증여 시 → 수증자가 부담하는 세금은 증여세와 취득세

이나, 증여세는 일반증여에 비해 감소하며, 취득세는 유상과 무상취득에 따른 두 종류의 취득세가 발생한다.

참고로 증여를 통해 수증자가 취득한 부동산을 양도하는 경우에는 다양한 규제가 적용된다. 예를 들어 수증일로부터 5년 내 증여받은 부동산을 양도하면 해당 부동산의 취득가액을 증여가액이 아닌 증여자가 취득한 가액을 이월시켜 양도세를 과세한다.

Tip 일반증여 및 부담부증여에 따른 세금 요약

증여의 형태에 따라 증여자와 수증자가 부담하는 세금을 요약하면 다음과 같다.

구분	증여자	수증자
① 일반증여	없음.	· 증여세 · 취득세
② 부담부증여	· 부채이전분 : 양도세	· 증여세 · 취득세(부채 부분 : 유상취득세, 증여 부분 : 무상취득세)

☞ 증여 대상 및 증여의 형태에 따라 부가가치세 등이 발생하는 경우도 있다. 따라서 실무에서는 증여 전에 충분한 검토를 통해 이러한 문제를 해결할 수 있어야 한다.

02

부담부증여에 따른 증여세 계산은 어떻게 하는가?

부담부증여를 하면 크게 증여세와 양도세, 그리고 취득세가 부과된다. 그렇다면 이 중 수증자가 부담하는 증여세는 어떤 식으로 계산하고, 어떤 점에 유의해야 할까? 이하에서 이에 대해 알아보자.

1. 부담부증여와 증여세 계산

부담부증여에 따른 증여세 계산은 다음과 같은 구조로 진행된다. 부담부증여도 증여의 한 방식이므로 총증여재산가액을 먼저 파악한 후 여기에서 채무를 공제하는 것으로 출발한다. 그런데 여기서 총증여재산가액은 외부와의 거래에서 파악되는 것이 아니므로 이를 어떤 식으로 결정할 것인지가 매우 중요한 요소가 된다. 이 점에 유의해 부담부증여에 대한 과세방식을 이해하는 것이 좋을 것으로 보인다.

구분	금액	비고
총증여재산가액		시가 원칙
- 채무액		증여 시 인수한 채무
= 증여재산가액		
- 증여재산공제		6억 원, 5천만 원 등
= 과세표준		
× 세율		10~50%
= 산출세액		

증여재산가액은 시가로 평가하는 것이 원칙이며, 인수한 부채는 수증자가 객관적으로 부담하는 채무에 한한다. 실무적으로 쟁점이 많이 발생하는 항목들에 해당한다. 특히 전자의 경우 증여재산가액의 평가에 따라 증여가액과 양도가액이 달라지기 때문에 이를 이해하는 것이 상당히 중요하다. 이 부분만 잠깐 살펴보자.

1) 총증여재산가액 > 채무인 경우

총증여재산가액이 채무보다 더 크면 채무액은 양도가액, 총증여재산가액과 채무액의 차액은 증여가액으로 본다.

2) 총증여재산가액 ≦ 채무인 경우

총증여재산가액이 채무보다 더 작거나 같으면 채무액은 양도가액이 되며, 증여재산가액은 발생하지 않게 된다. 따라서 이 경우에는 부담부증여의 성격을 취했지만, 결과적으로 양도와 같은 결과가 발생한다. 한편 채무와 총증여재산가액의 차액은 증여자가 증여받은 것으로 보아 증여세가 부과된다(역증여).

2. 계산 사례

〈자료〉
서울에서 거주하고 있는 K씨는 부동산에 담보된 2억 원의 채무를 수증자가 인수하는 조건으로 시가 5억 원(기준시가는 2억 원)짜리 부동산을 증여받고자 한다. 이 경우 증여세는 어떻게 계산할까?

1) 시가로 증여재산을 평가하는 경우

시가로 증여재산을 평가하면 증여재산가액이 5억 원이고, 이 중 채무는 2억 원이므로 다음과 같이 증여세를 계산한다.

(단위 : 원)

구분	금액	비고
총증여재산가액	500,000,000	
(+) 증여재산가산액		
(=) 증여재산가액	500,000,000	
(-) 부담부증여 시 인수채무	200,000,000	인수채무액은 양도세 대상
(=) 과세가액	300,000,000	
(-) 증여공제	50,000,000	
(-) 감정평가수수료공제		
(=) 과세표준	250,000,000	
(×) 세율	20%(1천만 원)	
(=) 산출세액	40,000,000	
(+) 세대생략가산액		
(=) 산출세액 합계	40,000,000	
(-) 세액공제	이하 생략	증여세액공제 3%
(+) 가산세		
(=) 납부세액		

2) 기준시가로 증여재산을 평가하는 경우

기준시가로 증여재산을 평가하면 2억 원이고, 채무는 2억 원이므로 증여재산가액은 나오지 않는다. 따라서 이 경우에는 증여세를 부담하지 않아도 된다.

(단위 : 원)

구분	금액	비고
총증여재산가액	200,000,000	
(+) 증여재산가산액		
(=) 증여재산가액	200,000,000	
(-) 부담부증여 시 인수채무	200,000,000	인수채무액은 양도세 대상
(=) 과세가액	0	
(-) 증여공제		
(-) 감정평가수수료공제		
(=) 과세표준		
(×) 세율		
(=) 산출세액		
(+) 세대생략가산액		
(=) 산출세액 합계		
(-) 세액공제		증여세액공제 3%
(+) 가산세		
(=) 납부세액		

참고로 부동산을 기준시가로 증여세를 신고하면 국세청이 뒤늦게 감정평가를 받아 이 금액으로 증여세를 경정할 수 있음에 항상 유의해야 한다. 단, 감정평가액으로 경정을 하는 경우에는 각종 가산세를 면제한다.

Tip 전세보증금, 금융권 채무가 있는 경우 증여재산가액 평가법

월세를 포함해 전세보증금이 있거나 금융권의 채무가 있는 경우 시가(매매사례가액, 감정평가액 등)가 없으면 다음과 같이 증여재산가액을 평가한다.

- **전세보증금이 있는 경우** : Max[연간 월세/12%+전세보증금, 기준시가]
- **금융권의 채무가 있는 경우** : Max[채권담보액, 기준시가]

03

부담부증여에 따른 양도세 계산은 어떻게 하는가?

부담부증여의 과정에서 인수된 채무는 유상 양도대가에 해당하므로 이에 대해서는 양도세가 과세되는 것이 원칙이다. 그렇다면 부담부증여에 따른 양도세는 어떻게 계산할까?

1. 부담부증여에 따른 양도세 계산구조

부담부증여에 따른 양도세는 다음과 같이 계산한다. 이 계산구조를 보면 부담부증여 시 인수한 채무액이 무조건 양도가액이 되며, 취득가액은 증여재산가액에서 채무액이 차지하는 비율로 안분을 하게 된다. 따라서 취득가액을 안분하는 것이 중요하다. 그런데 총 증여재산가액을 기준시가나 환산가액(최근에 포함됨)으로 평가하는 경우 양도가액에 차감되는 취득가액은 기준시가로 한다는 점에 유의해야 할 것으로 보인다.

구분	금액	비고
양도가액		부담부증여 시 인수한 채무액
- 취득가액		취득가액×(채무액/증여재산가액)
= 양도차익		
- 장기보유특별공제		
- 기본공제		
= 과세표준		
× 세율		
- 누진공제		
= 산출세액		

양도가액은 인수채무액, 취득가액은 당초 취득가액 중 채무액이 차지하는 비율을 곱해 계산한다. 이때 주의할 것은 양도가액을 기준시가로 계산한 경우에는 취득가액도 취득 당시의 기준시가를 기준으로 안분해야 한다는 것이다(2020. 2. 11 이후부터 임대료환산가액으로 신고한 경우도 포함).

1) 양도가액

부담부증여에 따른 양도가액은 다음과 같이 계산한다(소득세법 시행령 제159조).

$$양도가액 = A \times \frac{B}{C}$$

A : 상증법 제60조부터 제66조까지의 규정에 따라 평가한 가액*
B : 채무액
C : 증여가액

* ① 실지거래가액 → ② 매매사례가액 → ③ 감정평가액 → ④ 기준시가

예를 들어 증여가액이 5억 원이고, 채무가 2억 원이라면 양도가액은 2억 원이다.

· 양도가액 = 5억 원 × $\frac{2억\ 원}{5억\ 원}$ = 2억 원

2) 취득가액[19]

부담부증여에 따른 취득가액은 다음과 같이 계산한다. 특히 양도가액을 기준시가로 산정하면 취득가액도 기준시가로 산정해야 한다는 점에 다시 한번 주의하기 바란다.

취득가액 = A × $\frac{B}{C}$

A : 법 제97조 제1항 제1호에 따른 가액(제2호에 따른 양도가액을 상속세 및 증여세법 제61조 제1항, 제2항 및 제5항에 따라 기준시가로 산정한 경우에는 취득가액도 기준시가로 산정한다*)

B : 채무액

C : 증여가액

* 상증법 제61조 제5항은 임대료환산가액으로 증여재산을 평가하는 것에 해당함. 따라서 증여재산을 기준시가로 신고하는 것 외에 임대료를 환산해서 신고하는 경우에도 이 규정이 적용됨에 유의해야 함. 2020. 2. 11 이후 양도하는 분부터 적용.

예를 들어 당초 취득가액이 2억 원이고, 증여재산가액은 5억 원, 채무가 2억 원이라면 취득가액은 8천만 원으로 계산된다.

---

19) 부담부증여분에 대한 취득가액을 계산할 때 감가상각비는 취득가액에서 공제되는 것이 원칙이다. 다만, 취득가액을 기준시가로 산정되는 경우에는 증여자의 사업소득 계산 시 공제받았던 감가상각비는 취득가액에서 공제되지 않는다(부동산 거래-858, 2011. 10. 12).

· 양도가액 = 2억 원 × $\frac{2억\ 원}{5억\ 원}$ = 8천만 원

2. 계산 사례

다음 자료를 보고 양도세 계산을 해보자.

〈자료〉
· 시가 : 5억 원(기준시가 3억 원)
· 채무 : 2억 원
· 취득가액 : 2억 원(기준시가 5천만 원)

1) 시가로 증여재산가액을 평가하는 경우

시가(매매사례가액, 감정평가액 등 포함) 5억 원을 총증여재산가액으로 하는 경우에는 총증여재산가액이 채무(2억 원)보다 크기 때문에 채무액이 바로 양도가액이 되며, 취득가액(2억 원)은 채무가 증여재산가액에서 차지하는 비율로 안분하면 된다.

Q. 부담부증여에 따른 양도가액은 얼마인가?

부담부증여에 따른 양도가액은 인수된 채무액이므로 사례의 경우 2억 원이 양도가액이 된다.

Q. 부담부증여에 따른 취득가액은 얼마인가?

부담부증여에 따른 취득가액 계산은 주의를 요한다. 전체 취득가액 중 양도에 해당하는 취득가액을 안분해야 하기 때문이다. 사례의 경우 다음과 같이 안분한다.

· 취득가액 = 실제 취득가액 × $\frac{\text{채무}}{\text{총증여재산가액}}$ = 2억 원 × $\frac{\text{2억 원}}{\text{5억 원}}$

= 8천만 원

일반적으로 양도세 절세를 위해서는 취득가액이 증가해야 하는데, 이를 위해서는 총증여재산가액이 축소되어야 한다.

Q. 사례의 경우 양도세는 얼마인가? 단, 장기보유특별공제는 20%, 세율은 기본세율을 적용한다(일반과세).

구분	금액	비고
양도가액	2억 원	
- 취득가액	8천만 원	
= 양도차익	1억 2천만 원	
- 장기보유특별공제	2,400만 원	20% 가정
- 기본공제	250만 원	
= 과세표준	9,350만 원	
× 세율	35%	
- 누진공제	1,490만 원	
= 산출세액	1,782만 원	

Q. 사례의 경우 양도세는 얼마인가? 단, 장기보유특별공제는 0%, 세율은 기본세율+30%를 적용한다(중과세).

구분	금액	비고
양도가액	2억 원	
- 취득가액	8천만 원	
= 양도차익	1억 2천만 원	
- 장기보유특별공제	0원	
- 기본공제	250만 원	
= 과세표준	1억 1,750만 원	
× 세율	68%	38%+30%
- 누진공제	1,940만 원	
= 산출세액	6,050만 원	

2) 기준시가로 증여재산가액을 평가하는 경우

기준시가(3억 원)를 증여재산가액으로 하는 경우 주의할 것은 취득가액의 계산이다. 양도가액이 기준시가로 산정된 경우 취득가액도 취득 당시의 기준시가로 계산해야 하기 때문이다. 다음에서 이를 확인해보자.

Q. 부담부증여에 따른 양도가액은 얼마인가?

부담부증여에 따른 양도가액은 인수된 채무액이므로 사례의 경우 2억 원이 양도가액이 된다.

· 양도가액 = 증여가액 3억 원 × $\frac{\text{채무 2억 원}}{\text{증여가액 3억 원}}$ = 2억 원

Q. 부담부증여에 따른 취득가액은 얼마인가?

부담부증여에 따른 취득가액 계산은 주의를 요한다. 전체 취득가액 중 양도에 해당하는 취득가액을 안분해야 하기 때문이다. 그런데 양도가액이 기준시가로 평가된 경우 취득가액은 취득 당시의 기준시가(사례는 5천만 원)를 기준으로 다음과 같이 안분해야 한다.

· 취득가액 = 취득 당시 기준시가 × $\frac{\text{채무}}{\text{증여재산가액}}$ = 5천만 원 × $\frac{\text{2억 원}}{\text{3억 원}}$

= 약 3,300만 원

Q. 사례의 경우 양도세는 얼마인가? 단, 장기보유특별공제는 20%, 세율은 기본세율을 적용한다(일반과세).

구분	금액	비고
양도가액	2억 원	
- 취득가액	3,300만 원	
= 양도차익	1억 6,700만 원	
- 장기보유특별공제	3,340만 원	20% 가정
- 기본공제	250만 원	
= 과세표준	1억 3,110만 원	
× 세율	35%	
- 누진공제	1,490만 원	
= 산출세액	3,098만 원	

Q. 사례의 경우 양도세는 얼마인가? 단, 장기보유특별공제는 0%, 세율은 기본세율+30%를 적용한다(중과세).

구분	금액	비고
양도가액	2억 원	
- 취득가액	3,300만 원	
= 양도차익	1억 6,700만 원	
- 장기보유특별공제	0원	
- 기본공제	250만 원	
= 과세표준	1억 6,450만 원	
× 세율	68%	38%+30%
- 누진공제	1,940만 원	
= 산출세액	9,246만 원	

양도세 중과세가 2022년 5월 11일부터 1년간 한시적으로 적용되지 않으면 앞의 일반세율에 따라 양도세를 계산하면 된다.

04

부담부증여에 따른 취득세는 어떻게 계산하는가?

부담부증여에 따라 발생하는 취득세는 두 가지 형태로 발생한다. 하나는 유상취득세, 다른 하나는 무상취득세다. 그런데 문제는 이들의 취득세 과세방식이 유형에 따라 달라진다는 것이다. 이러한 점에 착안해 부담부증여에 따른 취득세 과세문제를 살펴보자.

1. 취득세 과세표준

취득세는 세율도 중요하지만, 과세표준을 어떤 식으로 산정하는지도 중요하다. 이에 대해서는 지방세법 제10조에서는 취득세의 과세표준을 다음처럼 정하도록 하고 있다(단, 2023년부터는 무상취득 등에 대한 취득세 과세표준 계산방식이 변경된다. 개정 내용은 지방세법 제10조 이하를 참고하기 바란다).

① 취득세의 과세표준은 취득 당시의 가액으로 한다.
② 제1항에 따른 취득 당시의 가액은 취득자가 신고한 가액으로 한다. 다만, 신고 또는 신고가액의 표시가 없거나 그 신고가액이 제4조에서 정하는 시가표준액보다 적을 때에는 그 시가표준액으로 한다.

1) 유상취득

대가가 수반되는 유상취득은 계약서를 기반으로 하기 때문에 대부분 실거래가를 과세표준으로 하고 있다. 부담부증여에 있어서는 실제 부담한 채무액이 이에 해당한다.

2) 무상취득

증여 등 무상취득의 경우에는 계약서에 신고가액을 기재하지 않는 방법으로 시가표준액(기준시가)으로 신고 및 납부하는 경우가 많다. 앞의 제2항이 적용되기 때문이다.

2. 계산 사례

다음 자료를 보고 부담부증여에 따른 취득세를 계산해보자.

〈자료〉
· 시가 : 5억 원
· 채무 : 2억 원
· 시가표준액 : 2억 원

Q. 유상취득에 따른 취득세는 얼마인가? 단, 취득세율은 일반세율과 중과세율 12%가 적용된다고 하자.

부담부증여 시 이전되는 채무는 유상취득에 해당하므로 다음과 같이 취득세가 부과된다(구체적인 세율 적용법은 191페이지 참조. 이하 동일).

· 일반세율 : 2억 원×1%=200만 원
· 중과세율 : 2억 원×12%=2,400만 원

Q. 무상취득에 따른 취득세는 얼마인가?

부담부증여 시 이전되는 전체 재산가액(시가표준액)에서 채무를 제외한 나머지는 무상취득에 해당하므로 이에 대해서는 증여에 따른 취득세가 부과된다. 그런데 사례의 경우에는 이에 따른 취득세가 부과되지 않는다. 왜 그럴까?

사례의 경우 전체 시가표준액은 2억 원인데 여기에서 채무액 2억 원을 차감하면, 증여에 따른 취득세 과세표준은 0원이 되기 때문이다. 참고로 향후 다음과 같은 관계를 활용해 부담부증여에 따른 취득세 세율 및 과세표준을 확인하는 것이 좋을 것으로 보인다.

구분	취득세율	과세표준
① 채무 〉 시가표준액	채무 : 유상취득세율	Max[채무액, 시가표준액][20]
② 채무 = 시가표준액	채무 : 유상취득세율	상동
③ 채무 〈 시가표준액	· 채무 : 유상취득세율 · 채무 외 : 무상취득세율	· 유상취득 : 채무액 · 무상취득 : (시가표준액-채무액)

20) 유상취득세의 과세표준은 시가표준액보다 낮을 수 없도록 법이 규정되어 있다(2023년은 시가를 기준으로 과세된다).

Q. 만일 사례에서 시가표준액이 3억 원이라면 취득세율은 어떻게 결정되는가?

사례에서 채무는 2억 원이고, 시가표준액이 3억 원이라면 다음과 같이 취득세율과 과세표준이 결정된다.

· 채무 2억 원 : 유상취득세율
· 차액 1억 원 : 증여취득세율

여기서 유상취득세율은 수증자의 주택 수 등에 따라, 증여취득세율은 증여자의 주택 수 등에 따라 결정된다. 예를 들어 수증자의 주택 수가 3채 이상인 상태에서 유상취득하면 원칙적으로 12%가 적용된다. 증여취득세율은 증여자가 2주택 이상이고, 조정지역 내의 시가표준액이 3억 원 이상이면 12%가 적용된다.

Q. 만일 사례에서 시가표준액이 2억 원이고, 채무가 3억 원이라면 취득세율은 어떻게 결정되는가?

사례에서 채무가 3억 원이라면 다음과 같이 취득세율과 과세표준이 결정된다.

· 채무 3억 원 : 유상취득세율

여기서 과세표준이 3억 원인 이유는 채무 3억 원은 전체가 유상취득에 해당하기 때문이다. 참고로 유상취득의 경우 Max[실거래가, 시가표준액]으로 취득세 과세표준이 결정됨에 유의해야 한다.

Q. 사례에서 취득세 과세표준이 5억 원으로 바뀔 가능성은 없는가?

지방세법 제10조에서는 취득세의 과세표준은 원칙적으로 취득자가 신고한 가액으로 하되, 신고가액의 표시가 없거나 그 신고가액이 시가표준액보다 적을 때에는 그 시가표준액으로 하도록 하고 있다. 따라서 시가표준액으로 신고하면 세법에 맞기 때문에 바뀔 가능성은 거의 없어 보인다(물론 2023년 이후부터는 그렇지 않다).

Tip 부담부증여와 취득세

부담부증여는 유상취득과 무상취득으로 구성된다. 따라서 취득세 과세표준과 세율도 이의 구분에 따라 정해진다. 이하에서는 상가 등과 주택으로 구분해 이에 대해 알아보자.

구분		유상취득	무상취득
상가·빌딩·토지	과세표준	채무액	(시가표준액-채무액)
	취득세율	4%	3.5%
주택	과세표준	채무액	(시가표준액-채무액)
	취득세율	1~12% (수증자의 조건)	3.5~12%* (증여자의 조건)
비고	-	-	2023년 이후부터 무상취득에 대한 취득세 과세표준이 시가로 변경됨.

* 12% : 증여자의 주택 수가 2주택 이상이고, 증여한 주택이 조정지역에 소재하고, 주택의 시가표준액(지분이나 부속 토지만을 취득한 경우에는 전체 주택의 시가표준액을 말한다)이 3억 원 이상인 경우(지세령 제28조의 6 제1항)에 적용한다. 따라서 부담부증여의 경우 무상취득세율은 채무액과 관계없이 전체 주택의 시가표준액이 3억 원 이상이 되면 세율이 12%가 적용될 수 있다. 아래 사례를 통해 이를 확인해보자.

※ 무상취득 12% 취득세 중과세 사례(2022년 기준)

① 주택의 시가표준액 5억 원, 채무액이 3억 원인 경우

- 채무액 : 3억 원×유상취득세율(1~12%)
- 증여액 : 2억 원(5억 원-3억 원)×12%

② 주택의 시가표준액 5억 원, 채무액이 5억 원인 경우
- 채무액 : 5억 원×유상취득세율(1~12%)
- 증여액 : 취득세 없음(무상취득 과세표준이 0원이 되기 때문).

③ 주택의 시가표준액 3억 원, 채무액이 5억 원인 경우
- 채무액 : 5억 원×유상취득세율(1~12%)
- 증여액 : 취득세 없음(무상취득 과세표준이 0원이 되기 때문).

Tip 미성년자와 전세보증금을 부담부증여로 승계받은 경우 취득세

미성년자가 전세보증금을 부담부증여로 승계받은 경우에는 이에 대해 유상취득세가 아닌 무상취득세로 과세되고 있다. 부담부증여 시 소득이 없으면 유상취득이 아닌 무상취득, 즉 증여로 취득한 것으로 해석하고 있기 때문이다. 미성년자는 다음 지방세법 제7조 제11항 제4호 가목에 해당하지 않기 때문에 해석을 그렇게 하고 있는 것으로 보인다.

⑪ 배우자 또는 직계존비속의 부동산 등을 취득하는 경우에는 증여로 취득한 것으로 본다. 다만, 다음 각 호의 어느 하나에 해당하는 경우에는 유상으로 취득한 것으로 본다(2014. 1. 1 신설).
4. 해당 부동산 등의 취득을 위하여 그 대가를 지급한 사실이 다음 각 목의 어느 하나에 의하여 증명되는 경우(2015. 12. 29 개정)
가. 그 대가를 지급하기 위한 취득자의 소득이 증명되는 경우(2015. 12. 29 신설)
나. 소유재산을 처분 또는 담보한 금액으로 해당 부동산을 취득한 경우(2015. 12. 29 신설)다. 이미 상속세 또는 증여세를 과세(비과세 또는 감면받은 경우를 포함한다)받았거나 신고한 경우로서 그 상속 또는 수증 재산의 가액으로 그 대가를 지급한 경우(2015. 12. 29 신설)
라. 가목부터 다목까지에 준하는 것으로서 취득자의 재산으로 그 대가를 지급한 사실이 입증되는 경우(2015. 12. 29 신설)

05 일반증여와 부담부증여 중 어떤 것을 선택할까? 사례 분석

실무에서 일반증여가 좋을지, 부담부증여가 좋을지 이에 대한 분석을 할 때는 모든 국세와 지방세를 포함하는 것이 좋다. 일부 세목만 가지고 의사결정을 하면 엉뚱한 결과가 나올 수 있기 때문이다. 사례를 가지고 이에 대해 알아보자.

〈자료〉
· 시가 : 5억 원
· 채무 : 3억 원
· 시가표준액 : 3억 원
· 취득가액 : 3억 원
· 증여재산공제 : 5천만 원

※ 저자 주

가족 간의 재산이전 방법에는 상속, 증여(부담부증여 포함), 매매 등이 있다. 따라서 사전에 이들 대안들을 비교 분석부터 하는 것이 좋다. 제7장을 참조하기 바란다.

1. 일반증여 시의 총세금

채무의 이전 없이 증여를 하는 경우의 총세금을 계산해보자.

1) 증여세

채무를 감안하지 않는 상태에서 증여세를 계산하면 다음과 같다.

· 증여세 과세표준 = 4억 5천만 원
· 증여세 산출세액 = 4억 5천만 원×20%-1천만 원(누진공제)
= 8천만 원

2) 취득세

증여에 따른 취득세는 시가표준액 2억 원에 대해 과세된다. 다만, 이때 취득세율은 3.5%와 12%가 부과될 수 있다.

· 일반세율 : 3억 원×3.5% = 1,050만 원
· 중과세율 : 3억 원×12% = 3,600만 원

3) 계

구분	증여세	취득세	계
① 취득세 일반세율 적용 시	8천만 원	1,050만 원	9,050만 원
② 취득세 중과세율 적용 시	8천만 원	3,600만 원	1억 1,600만 원

2. 부담부증여 시의 총세금

채무를 이전하여 증여를 하는 경우의 총세금을 계산해보자.

1) 증여세

부담부증여 시의 증여세를 산출세액까지 계산하면 다음과 같다.

구분	금액	비고
총증여재산가액	500,000,000	
(+) 증여재산가산액		
(=) 증여재산가액	500,000,000	
(-) 부담부증여 시 인수채무	300,000,000	인수채무액은 양도세 대상
(=) 과세가액	200,000,000	
(-) 증여공제	50,000,000	성년자 공제
(-) 감정평가수수료공제		
(=) 과세표준	150,000,000	
(×) 세율	20%(1천만 원)	1천만 원은 누진공제액
(=) 산출세액	20,000,000	과세표준×20%-1천만 원
(+) 세대생략가산액		
(=) 산출세액 합계		
(-) 세액공제		
(+) 가산세		
(=) 납부세액		

2) 양도세

부담부증여에 따른 양도세를 계산하면 다음과 같다. 다만, 양도세는 비과세, 일반과세(장기보유특별공제는 20%, 기본세율)와 중과세(기본세율+30%)를 적용한다.

구분	비과세	일반과세	중과세
양도가액	3억 원	3억 원	3억 원
- 취득가액		1억 8천만 원*	1억 8천만 원
= 양도차익		1억 2천만 원	1억 2천만 원
- 장기보유특별공제		2,400만 원	0원
- 기본공제		250만 원	250만 원
= 과세표준		9,350만 원	1억 1,750만 원
× 세율		35%	68%
- 누진공제		1,490만 원	1,940만 원
= 산출세액	0원	1,782만 원	6,050만 원

* 3억 원×(3억 원/5억 원) = 1억 8천만 원

3) 취득세

부담부증여에 따른 취득세를 계산하면 다음과 같다. 다만, 취득세는 일반과세와 중과세(12%)를 적용한다. 참고로 사례의 경우에는 채무액과 시가표준액이 동일하므로 채무에 대해서만 유상취득세가 발생한다.

· 일반세율 : 3억 원×1%=300만 원
· 중과세율 : 3억 원×12%=3,600만 원

4) 계

앞의 결과를 요약하면 다음과 같다.

① 증여세 : 2천만 원

② 양도세

구분	비과세	일반과세	중과세
산출세액	0원	1,782만 원	6,050만 원

③ 취득세

구분	유상취득		무상취득	
	일반취득세	중과취득세	일반취득세	중과취득세
산출세액	300만 원	3,600만 원	0원	0원

사례에서 부담부증여 시 증여세는 2천만 원으로 고정되나 기타 양도세 취득세는 비과세부터 중과세까지 달라질 수 있다. 따라서 모두 중과세가 적용되면 총세금은 1억 1,650만 원(2천만 원+6,050만 원+3,600만 원)이 되고, 양도세는 비과세 취득세는 일반세율이 적용되면 총세금은 2,300만 원(2천만 원+0원+300만 원)이 된다.

3. 결론

일반적으로 일반증여는 증여세가 많이 나오는 상황에서 불리하다. 그래서 이에 대한 대안으로 부담부증여를 선택하는 경우가 많다. 하지만 부담부증여로 인해 증여세와 취득세는 감소할 수 있으나, 그 대신 양도세 중과세가 적용되면 오히려 세부담이 늘어날 수 있다. 결국 실무에서는 취득세를 포함해 일반증여 대 부담부증여의 세부담을 비교 분석하는 것이 타당할 것으로 보인다.

Tip 부담부증여가 유리한 경우와 불리한 경우

① 부담부증여가 유리한 경우

· 양도세가 비과세나 일반과세가 적용되는 경우

· 취득세가 일반과세로 적용되는 경우

② 부담부증여가 불리한 경우

· 양도세 중과세가 적용되는 경우

· 취득세 중과세가 적용되는 경우

| 심층분석 | **증여 대 부담부증여 컨설팅(최적 부채 찾기)**

갑은 그의 자녀 을(乙)과 손자 병(丙)에게 자신이 보유하고 있는 상가 주택을 일반증여 또는 부담부증여할 것을 검토하고 있다.[21]

1. 증여대상 자산

- 대상 부동산 : 지하 1~3층 상가, 4~5층 주택(상가주택)
- 주소지 : 서울 마포구 서교동 ○○○번지 ○○빌딩
- 토지 취득연도 : 1975년, 취득가액 자료 없음.
- 건물 취득연도 : 1995년(신축), 신축가액 자료 없음.

2. 검토내용

- 일반증여와 부담부증여 시의 세금 검토
- 을(乙)과 병(丙)의 지분율 변화에 따른 세금 시뮬레이션, 대출 규모에 따른 세금 시뮬레이션에 따른 최적 비율 선택

3. 부동산가액 평가

1) 상증법상의 평가액 : 다음 중 큰 금액 = 17억 4,500만 원

① 시가 = 불분명

② 감정가액 = 17억 4,500만 원

③ 임대보증금+임대료 환산가액(연간 임대료/12%)
  = 1억 원+1억 9,200만 원/12% = 17억 원

④ 현재 시점의 토지 및 건물기준시가 = 1,228,108,402원

2) 증여 취득 시 시가표준액(기준시가) : 371,242,062원

컴퓨터 프로그램에 의해 계산함.

---

21) 이 의사결정 모델은 하나의 예에 해당한다. 따라서 참고용으로만 삼아주기 바란다.

4. 세금분석

1) 순수한 증여의 경우

구분	을:병=5:5	을:병=4:6	을:병=6:4
총세액	6억 3,700만 원	7억 5천만 원	5억 3,800만 원

☞ 총세액은 증여세, 취득세, 종합소득세(예상)의 합계액을 말한다.

2) 부담부증여의 경우

- 전세보증금(1억 4,500만 원)과 대출을 추가(0원, 1억 원, 3억 원, 5억 원, 8.55억 원)해 부담부증여할 경우의 세금증감을 분석한다.
- 이 경우 증여자에게는 양도세가, 수증자는 증여세가 부과된다. 다음 표는 이외에 취득세, 종합소득세 등 모든 세금을 포함해 분석했다.

(단위 : 원)

구분	대출 규모				
	8.55억 원	5억 원	3억 원	1억 원	0원
을:병=5:5	3억 6,300만	4억 3,400만	4억 8,500만	5억 5,000만	5억 9,800만
을:병=4:6	3억 8,700만	4억 7,500만	5억 4,800만	6억 4,500만	6억 9,900만
을:병=6:4	3억 5,100만	4억	4억 4,500만	4억 9,300만	5억 2,100만

☞ 을(乙)과 병(丙)의 지분율과 대출 규모에 따라 세금의 크기가 달라지고 있다.
- 을(乙)의 지분율이 높고 대출금액이 많은 경우가 세금이 가장 적게 도출된다.
- 병(丙)의 지분율이 높고 대출금액이 없는 경우가 세금이 가장 많게 도출된다.

이런 결과가 나오는 이유는 미성년자인 병에게 증여한 경우 대납한 증여세 및 취득세도 증여가액에 합산되는 동시에 30%의 할증과세가 있기 때문이다. 한편 대출금의 경우 양도세로 과세되는 바 이 건의 경우 양도차익 중 일부는 주택에 대한 비과세(1세대 1주택 비과세)를 적용받게 되어 세금의 크기에 영향을 주고 있다.

5. 검토 의견

1) 순수한 증여보다 부담부증여 방식에 의한 재산이전이 유리하다.
- 을:병의 지분율이 5:5인 경우 ⇨ 부담부증여가 최대 2억 7,400만 원 ~최소 3,900만 원 유리하다.
- 을:병의 지분율이 4:6인 경우 ⇨ 부담부증여가 최대 3억 6,300만 원 ~최소 5,100만 원 유리하다.
- 을:병의 지분율이 6:4인 경우 ⇨ 부담부증여가 최대 1억 8,700만 원 ~최소 1,700만 원 유리하다.

2) 부담부증여에 의한 경우라도 대출 규모에 따라 절세 효과가 차이가 나므로 이를 고려해야 한다.

대출이 커질수록 세금의 감소 효과가 크게 발생한다. 이 건의 경우 부채 2억 원을 추가할 경우 대략 3천만~5천만 원의 세부담이 감소하는 것으로 관측된다.

3) 의사결정 기준
- 먼저 순수증여보다는 부담부증여 형식을 선택한다.
- 다음으로, 을과 병의 지분율을 결정한 후 대출 규모를 선택하는 식으로 결정한다. 다만, 대출을 많이 받으면 이에 대한 이자비용이 지출된다는 점과 을은 채무부담능력이 없으므로 부채 상환에 대한 출처조사 등이 발생할 수 있는 점을 고려해야 한다.

4) 검토의견
- 지분율은 5:5, 4:6, 6:4 중 하나를 선택한 후, 대출금을 3~5억 원 사이에서 실행한다.
- 앞의 3)의 의사결정기준 고려 및 향후 상속세를 고려할 때 대출금액은 상속재산가액에 차감될 수 있는 이점이 있다.

6. 기타 주의할 점

- 대출 실행 시는 감정을 받지 않거나 받더라도 약식으로 받는 방법이 좋을 것으로 사료된다. 세법에서는 증여일 전 3개월부터 증여세 신고기한까지 2 이상의 감정가액 등이 있으면, 이를 기준으로 증여세를 부과할 수 있다.[22)]
- 미성년자인 병(丙)에 대한 대출 규제가 있는 경우에는 전세보증금을 인상시키는 안을 선택할 수 있다.
- 감정을 받은 경우에는 3개월 지나서 증여등기를 실행하는 것이 바람직하나, 대출 시기 등을 고려해 증여 시점을 탄력적으로 잡도록 한다.
- 상가증여의 경우 포괄양수도에 의해 이전 시에는 부가가치세를 생략할 수 있다. 향후 부가가치세 신고 시 포괄양수도계약으로 신고(세무회계사무소 협조사항)한다.
- 증여가 완료되면 사업자등록을 정정하고, 향후 지분율에 따라 임대료 입출금을 관리하고, 부가가치세 및 종합소득세 세무관리가 진행되어야 한다.
- 참고로 병(丙)의 경우 사업자등록에 따른 건강보험료 등이 추가된다.

7. 실행 절차

이 건 부담부증여를 하기 위한 절차는 다음과 같다.

- 대출 실행 : 주거래은행(미성년자의 경우 대출 승계가 되는지 여부를 확인해야 한다. 만일 미성년자인 병(丙) 앞으로 대출 실행이 되지 않고, 을(乙) 명의로 대출이 전액 실행될 경우 향후 증여세 과세의 문제점이 발생할 수 있다. 병(丙)의 경우 월세소득이 발생하므로 이를 가지고 대출원리금을 변제해야 하는 구조다)
- 증여등기 : 즉시(법무사)
- 증여세 신고 : 즉시(세무사)

---

22) 증여세를 보충적 평가방법인 기준시가로 신고하면 과세관청에서 감정평가를 받아 이를 기준으로 과세를 할 수 있다. 사례의 경우에는 감정평가를 받았으므로 이 제도가 적용되지 않을 것으로 보인다.

제 6 장

증여추정·증여의제의 모든 것

01 민법과 세법상 증여의 관계는?

재산을 직접 이전하는 것은 물론이고, 간접적인 방법을 통해서도 부가 이전되었다면 이에 대해 증여세 납세의무가 성립한다. 왜 그럴까? 이는 세법에서 정하고 있는 포괄주의 방식으로 증여세를 과세하고 있기 때문이다. 즉 증여개념에 부합하면 증여세를 과세한다는 것이다. 실무에서 증여세 관련 업무가 복잡한 이유는 바로 이러한 것과 관련이 있다. 다음에서는 증여개념에 대해 민법과 세법의 차이부터 살펴보자.

1. 민법상의 증여

민법 제554조에서는 '증여(贈與)란 일방(一方)의 당사자(贈與者)가 자기 재산을 무상으로 상대방에게 준다는 의사를 표시하고 수증자가 이것을 수락함으로써 성립하는 계약을 말한다. 권리의 양도, 채무면제 및 노무제공 등도 증여의 목적이 될 수 있으며, 증여의 대상이 되는 재산은 반드시 증여자 자신의 것일 필요는 없다'라고 하고 있다.

2. 세법상의 증여

상증법 제2조 제6호에서는 '증여란 그 행위 또는 거래의 명칭·형식·목적 등과 관계없이 직접 또는 간접적인 방법으로 타인에게 무상으로 유형·무형의 재산 또는 이익을 이전(移轉, 현저히 낮은 대가를 받고 이전하는 경우를 포함한다)하거나 타인의 재산가치를 증가시키는 것을 말한다. 다만, 유증, 사인증여, 유언대용신탁 및 수익자연속신탁은 제외한다'라고 하고 있다.[23)]

3. 민법과 세법상의 증여 관계

민법상의 증여는 통상 계약에 따라 유·무형의 재산이 무상으로 이전되는 경우를 한정하고 있으나, 세법은 계약을 불문하고 유·무형의 재산의 무상이전 외에 이익을 이전하거나 재산가치가 증가하는 경우 등도 증여로 보고 있다. 따라서 민법보다는 세법상의 증여 개념이 훨씬 더 포괄적이라고 할 수 있다.

---

23) · 유증 : 유언으로써 자기 재산의 일부를 무상으로 타인에게 주는 것을 말한다. 세법상 유증은 상속으로 취급된다.
· 사인증여 : 사망으로 효력이 발생하는 증여로 역시 상속으로 취급된다.
· 유언대용신탁 : 위탁자가 수탁자에 자산을 맡기고 운용수익을 받다가 사망 이후 미리 계약한 대로 자산을 상속 · 배분하는 계약을 말하며, 이 역시 상속으로 취급된다.
· 수익자연속신탁 : 여러 수익자에게 연속적으로 재산이 이전되는 신탁방식을 말한다.

02
세법상 증여세 과세대상은 왜 그렇게 넓은가?

앞에서 본 세법상 증여의 개념은 일반적으로 우리가 생각하는 것들과 차이가 있음을 알 수 있다. 부동산 등 유형의 물건을 공짜로 주는 것만 증여가 아니라 보이지 않은 무형의 이익을 주는 것도 증여에 해당하기 때문이다. 따라서 앞으로 증여에 대한 세무처리를 잘 해내기 위해서는 우선 증여의 개념부터 정확히 이해하는 것이 좋을 것으로 보인다.

1. 규정 분석

앞에서 본 상증법 제2조 제6호에 열거된 증여에 대한 개념을 분석해보자.

'증여'란 그 행위 또는 거래의 명칭·형식·목적 등과 관계없이 직접 또는 간접적인 방법으로 타인에게 무상으로 유형·무형의 재산 또는 이익을 이전(移轉, 현저히 낮은 대가를 받고 이전하는 경우를 포함한다)하거나 타인의 재산가치를 증가시키는 것을 말한다. 다만, 유증, 사인증여, 유언대용신탁 및 수익자연속신탁은 제외한다.

첫째, 세법상의 증여는 형식과 무관하게 판단한다.

형식보다는 내용, 즉 실질이 중요하기 때문이다. 이러한 관점에서 세법에 열거가 되지 않았더라도 실제 내용이 증여에 해당하면 증여세가 부과될 수 있다.

둘째, 세법상의 증여는 간접적인 방법으로 재산 등을 이전해도 성립한다.

예를 들어 법인과 특수관계를 맺고 있는 개인이 법인에게 재산을 증여하면 법인도 혜택을 받지만, 궁극적으로 법인의 주주에게 이익이 분여된다. 세법은 이처럼 간접적인 방법을 동원해 부를 이전하면 주주에게 증여세를 부과한다.

셋째, 유·무형의 재산 또는 이익을 이전하는 경우를 포함한다.

예를 들어 자녀의 회사에 일감을 몰아주는 방식도 증여세 과세대상에 해당한다.

넷째, 현저히 낮은 대가를 받고 이전하는 경우에도 증여가 성립한다.

부동산을 저가로 양도하는 경우 시가와 저가와의 양도차익을 증여세 과세대상으로 보는 것을 말한다.

다섯째, 유증, 사인증여 등은 증여에서 제외한다.
이에 대해서는 증여세가 아닌 상속세로 과세하기 위해서다.

2. 세법상 증여세 과세대상을 파악하는 방법

앞에서 살펴본 상증법상의 증여개념은 완전포괄주의 과세방식에 기초하고 있다. 즉 어떤 행위가 앞의 증여개념에 해당하면 법에 그 행위가 열거되어 있지 않았더라도 증여세를 과세할 수 있다는 것을 의미한다. 그래서 현행 상증법은 다음과 같은 구조로 증여세 과세대상을 파악하고 있다.

· 증여세 과세대상
= ① 본래의 증여재산 + ② 예시규정의 증여재산 + ③ 증여추정 및 증여의제
(상증법 31) (상증법 33~42) (상증법 44~45의 2)

앞에서 ①의 본래의 증여재산은 수증자에게 귀속되는 금전으로 환가할 수 있는 모든 재산과 권리를 말한다. 증여세는 이렇게 수증자가 무상으로 얻는 금전적 이득에 대해 과세하는 것이 원칙이다. ② 예시규정은 말 그대로 세법에서 예로 들어놓은 규정에 불과하다. 이러한 규정이 있음으로써 과세대상을 좀 더 명확히 할 수 있다. 그런데 ③ 증여추정 및 증여의제 중 증여추정은 가족 간에 가

짜로 매매할 때 매매를 취소하고, 증여세를 과세하는 방식을 거래 당사자가 증여가 아님을 입증하지 못하면 증여세를 과세하는 제도를 말한다. 한편 증여의제는 무조건 증여로 보는 것을 말한다. 이에는 주식을 명의신탁한 경우 명의를 빌려준 사람에게 증여한 것으로 본다. 부동산을 명의신탁한 경우에는 부동산 실명법에 의해 규율이 되므로 증여로 보지 않는다.

Tip 부동산 증여 관련 상증법

부동산 증여와 관련 상증법 내용을 조문 순서별로 정리하면 다음과 같다.

구분	내용
예시규정	· 제33조 신탁이익의 증여 · 제35조 저가 양수 또는 고가 양도에 따른 이익의 증여 · 제37조 부동산 무상사용에 따른 이익의 증여 · 제39조의 3 현물출자에 따른 이익의 증여 · 제42조 재산사용 및 용역제공 등에 따른 이익의 증여 · 제42조의 3 재산 취득 후 재산가치 증가에 따른 이익의 증여
증여추정	· 제44조 배우자 등에게 양도한 재산의 증여추정 · 제45조 재산 취득자금 등의 증여추정
증여의제	· 제45조의 2 명의신탁재산의 증여의제 · 제45조의 5 특정법인과의 거래를 통한 이익의 증여 의제

03

가족 간의 매매가 증여 추정된다는 뜻은?

가족 간에 매매를 하면 세법에서는 이를 증여로 추정한다. 따라서 거래당사자는 매매임을 입증해야 증여에서 벗어나게 된다. 이하에서 이에 대해 알아보자.

1. 배우자 등에게 양도한 재산에 대한 양도추정

상증법 제45조 제1항에서는 다음과 같은 규정을 두고 있다.

> 배우자 또는 직계존비속에게 양도한 재산은 양도자가 그 재산을 양도한 때에 그 재산의 가액을 배우자 등이 증여받은 것으로 추정하여 이를 배우자 등의 증여재산가액으로 한다.

다만, 배우자 등에게 대가를 받고 양도한 사실이 명백히 인정되는 경우로서 다음과 같은 경우에는 양도로 인정한다.

1. 권리의 이전이나 행사에 등기 또는 등록을 요하는 재산을 서로 교환한 경우
2. 당해 재산의 취득을 위해 이미 과세(비과세 또는 감면받은 경우를 포함한다)받았거나 신고한 소득금액 또는 상속 및 수증재산의 가액으로 그 대가를 지급한 사실이 입증되는 경우
3. 당해 재산의 취득을 위해 소유재산을 처분한 금액으로 그 대가를 지급한 사실이 입증되는 경우

2. 적용 사례

서울 강남구 역삼동에 거주하고 있는 김팔봉 씨는 본인이 보유하고 있는 주택을 자녀에게 다음과 같은 금액으로 매매를 했다.

〈자료〉
① 시가 : 5억 원
② 거래금액 : 3억 원

Q. 김팔봉 씨와 그의 자녀 간에 유상매매거래는 가능한가?
가능하다. 사적계약자유의 원칙에 따라 당연히 가능하다.

Q. 만일 앞의 거래금액에 대해 돈을 주고받지 않았다면 세무상 문제는 없는가?

매매가 아닌 증여로 추정된다. 증여추정은 거래당사자가 유상거래임을 입증하지 못하면 증여로 간주하는 제도를 말한다.

Q. 만일 앞의 거래금액에 대해 실제 돈을 주고받았다면 세무상 문제는 없는가?

일단 유상거래로 인정이 되나 거래금액이 시가와 동떨어지는 경우 양도자와 매수자에 대해 소득세법상 부당행위계산부인제도와 상증법상 증여의제규정을 적용한다.

구분	부당행위계산부인제도	증여의제
근거법	소득세법 제101조	상증법 제35조
적용대상자	양도자	양수자
적용내용	시가를 적용해 양도세 과세	증여이익에 대해 증여세 과세
적용기준	시가와 저가(고가)거래의 차액이 3억 원 또는 시가의 5%를 벗어나면 이 규정을 적용함.	시가와 저가(고가)거래의 차액이 3억 원 또는 시가의 30%를 벗어나면 이 규정을 적용함.

Q. 가족 간 매매거래 시 유상대가는 어떻게 입증해야 하는가?

대가는 경매나 공매, 신고한 소득금액 또는 상속·수증재산의 가액 등으로 실제 유상양도라는 사실이 입증되어야 한다.

Tip 가족 간 매매 시 알아야 할 세무상식들

· 증여(부담부증여)와 양도 중 어떤 것이 유리한지 실익분석을 한다.
· 양도를 선택하는 경우에는 반드시 자금출처에 대한 입증자료를 준비해두어야 한다.
· 당사자 간의 거래금액은 시가와 근접하게 해야 한다(다음 관련 예규 참조).

[관련 예규] 서면4팀-1729, 2004. 10. 27

【질의】

아버지 소유의 주택(시가 3억 원)을 아들이 구입하고자 함. 취득자금은 아들 소유의 주택의 양도대금 2억 원과 아버지 주택을 아들 명의로 취득등기와 동시에 당해 주택을 담보로 아들의 명의로 1억 원을 대출받아 지급하고자 함. 이 경우 아들이 대출받은 1억 원에 대하여 증여세가 과세되는지 여부, 아니면 아버지의 주택양도로 보아 양도세가 과세되는지 여부.

【회신】

증여추정규정이 적용되지 아니하는 재산은 양도세 과세대상이 되는 것이며, 당해 재산의 시가보다 높거나 낮은 대가를 지급하는 경우에는 같은 법 제35조(저가·고가 양도에 따른 이익의 증여 등)의 규정이 적용되는 것임.

04

저가양도에 따른 증여세 과세방식은?

부동산을 특수관계인과의 거래를 통해 저가로 양수하거나 고가로 양도해 초과이익을 얻을 수 있다. 이에 대해 상증법 제35조에서는 이 초과이익을 증여이익으로 보아 증여세를 부과한다. 다만, 무조건 증여세를 과세하는 것이 아니라 일정한 요건을 두고 있다. 이러한 규정은 증여세 과세에서 매우 중요한 위치를 점하고 있으므로 상증법 제35조를 중심으로 알아보자.

1. 저가양수 등에 따른 이익의 증여

상증법 제35조에서는 저가양수 등을 통해 이익이 이전되면 증여로 보아 증여세를 과세하고 있다. 다만, 이 규정에 의해 증여세가 과세되기 위해서는 일정한 기준금액 이상의 이익을 증여받아야 한다. 이때 이익은 다음과 같이 계산한다.

첫째, 해당 이익은 다음 중 적은 금액 이상이 되어야 한다.

1. 시가[24]의 100분의 30에 상당하는 가액
2. 3억 원

둘째, 대가와 시가의 차액에서 앞의 둘 중 적은 금액을 뺀 금액을 그 이익을 얻은 자의 증여재산가액으로 한다.

2. 적용 사례

사례를 들어 앞의 내용을 이해해보자.

〈자료〉
경기도 수원에서 거주하고 있는 성실한 씨(40세)는 아버지가 보유한 주택을 매매 방식으로 취득하려고 한다. 물음에 답하면?

Q. 가족 간에 매매거래도 인정되는가?
가족 간의 매매도 당연히 인정을 받을 수 있다.

24) 상증법 제60조부터 제66조까지의 규정에 따라 평가한 가액을 말한다.

Q. 만약 거래대금을 지급하지 않으면 어떻게 되는가? 또는 거래대금 중 일부만 주고, 나머지는 향후 주는 식으로 거래하면 매매거래를 인정받는가?

만약 거래대금을 지급하지 않으면 이는 세법상 매매가 아닌 증여에 해당한다. 한편 거래대금 중 일부를 조건부로 지급하는 경우에는 매매로 인정받지 못할 가능성이 높다. 제3자 간에 거래를 할 때는 '계약금 → 중도금 → 잔금' 형식으로 대금수수가 이어지는데, 이와 다르게 자금거래가 되기 때문이다.

Q. 앞의 주택의 시세가 5억 원인 상황에서 3억 원으로 거래할 수 있는가?

거래는 가능하다. 하지만 특수관계인에게 시가보다 낮은 가격(시가와 거래가액의 차액이 3억 원 이상이거나 시가의 100분의 5에 상당하는 금액 이상인 경우)으로 자산을 양도한 때에 양도자에게 시가를 양도한 것으로 보아 이를 기준으로 양도세를 과세한다(부당행위계산의 부인제도). 또한 저가로 양수한 자에게는 증여세를 부과한다. 이때 증여세는 거래금액이 시가와 거래가액의 차액이 3억 원 이상이거나 시가의 100분의 30 이상 차이가 나야 과세한다. 양도세와 증여세 과세를 위한 기준이 다르다.

Q. 앞에서 시가는 어떻게 산출하는가?

양도일 전후 각 3개월의 기간 중에 당해 자산의 매매사례가액, 1~2 이상 감정기관의 감정가액(2 이상인 경우 평균액), 수용가액, 공매·경매가액, 유사매매사례가액 등을 통해 알 수 있다. 여기서 유사매매사례가액은 해당 재산과 유사한 재산의 거래금액을 말한다.

Q. 저가양도 시 알아두면 좋을 내용들은?

· 매매가액이 시가와 차이가 나면 부당행위계산부인제도와 증여세 과세문제가 발생한다.

· 시가는 통상 감정평가를 하면 쉽게 파악할 수 있다.

· 감정가액이 나오면 이를 기준으로 거래금액을 정하면 된다. 이때 감정가액과 똑같이 거래금액을 정할 필요는 없다. 감정가액은 단지 참고용에 불과하기 때문이다.

· 양도하는 물건이 1세대 1주택 비과세를 받을 수 있다면 거래가를 조금 더 낮춰도 세무상 위험이 크게 발생하지 않는다.

Tip 고가 양도 시의 증여세와 양도세 과세방법

개인에게 양도세 과세대상 자산을 고가 양도한 경우에는 양도자에게 증여세를 먼저 과세하고, 그 증여재산가액을 양도가액에서 뺀 금액으로 해서 양도세를 계산한다.

▶ 특수관계가 있는 개인에게 고가 양도 시

① 양도자의 양도가액(실가) = 양도가액 − 증여재산가액

② 양도자의 증여재산가액 = 대가 − 시가 − Min(시가의 30%, 3억 원)

▶ 특수관계가 없는 개인에게 고가 양도 시

① 양도자의 양도가액(실가) = 양도가액 − 증여재산가액

② 양도자의 증여재산가액 = 대가 − 시가 − 3억 원

05
매수자금을 전세보증금으로 대체하면 증여세가 부과될까?

부모가 거주하고 있는 주택을 자녀가 매수하는 경우가 있다. 이때 거래금액이 적정한지, 그리고 자금을 제대로 수수했는지 등이 쟁점이 된다. 거래금액이 시가와 동떨어지게 정해지면 거래상대방 모두에게 세법이 규제하게 되며, 자금관계가 불명확하면 증여세 과세 등의 문제가 발생하기 때문이다. 이하에서 사례를 들어 이에 대해 알아보자.

〈자료〉

- 부모는 자신의 주택에서 거주하고 있음(시가 9억 원, 1세대 1주택 비과세 요건을 갖추었음).
- 부모는 해당 주택을 자녀에게 매매한 후 해당 집에서 계속 거주할 계획임.

Q. 부모가 현재 거주하고 있는 주택을 별도 세대원인 자녀에게 매매가 가능한가?

그렇다.

Q. 이때 거래금액을 시가보다 30% 낮게 거래하면 어떤 문제점이 있는가?

양도자의 경우에는 소득세법상 부당행위계산부인, 상증법상 증여의제의 문제가 있다. 다만, 전자의 경우 5%를 벗어나면 이 규정이 적용되지만, 어차피 해당 주택은 비과세를 적용받기 때문에 이를 벗어나도 문제가 없다. 한편 매수자의 경우에는 30%와 3억 원 중 적은 금액에 대해서는 증여세 문제가 없기 때문에 전체적으로 세법상의 문제는 없을 것으로 보인다.

Q. 만약 거래금액을 7억 원으로 정한 경우 이에 대한 자금을 전세보증금으로 대체하려고 하는데 이 경우 어떤 문제점이 있는가?

사례의 경우 자녀가 소유한 주택에 부모와 전세계약 등을 체결 후 부모가 거주하는 경우에도 동 전세금 등을 부모가 자녀에게 증여한 것으로 추정하며, 실질이 전세계약 등을 체결하고 대금을 주고받는 등 전세계약 등이 명백한 경우에는 부모 자식 간이라도 전세계약을 인정할 수 있다. 참고로 임대차계약기간의 만료로 인해 자녀가 부모님에게 반환할 의무가 있는 그 전세금 등을 자녀가 면제받거나 반환하지 아니한 경우에는 증여에 해당해 자녀에게 상증법 제36조(채무면제 등에 따른 증여)에 따라 증여세가 과세된다.

Q. 앞의 전세보증금이 시가와 차이가 난 경우에는 어떤 문제가 있을까?

해당 금액이 시가와 차이가 나면 세법상의 평가액이 전세보증금으로 되어 그 차액만큼은 현금증여로 볼 가능성이 있다. 다만, 최종 증여세 과세 여부는 부모님과 자녀 간에 체결한 전세계약 등이 진실한지 여부, 전세금 등의 실제 수령 여부(금융증빙 등), 부모님과 자녀의 거주현황 및 임대현황, 확정일자 여부 등 구체적인 사실을 종합해 관할 세무서장이 판단할 사항에 해당한다.

Q. 그렇다면 가족 간 전세계약은 어떤 식으로 체결하는 것이 좋을까?

제3자와 계약을 체결하는 것처럼 진행하는 것이 좋다. 즉 계약이 정당해야 하고, 계약대로 자금 등을 수수하고, 계약기간도 제대로 지켜야 한다.

※ 상증, 재산세과-334, 2009. 9. 29

상증법 제45조(재산취득자금 등의 증여추정)를 적용함에 있어 직계존비속으로부터 증여받은 재산을 그 직계존비속에게 임대하고 받은 전세금을 당해 재산의 취득 또는 당해 채무의 상환에 직접 사용한 금액은 자금출처로 인정받을 수 있는 것이나, 이에 해당하는지는 전세금을 실제 수령 여부 및 임대재산의 사용현황 등 구체적인 사실관계를 확인하여 판단할 사항임.

1. 질의내용 요약

· 사실관계

- 조부가 현재 거주하고 있는 시가 10억 원의 주택을 손자(미성년자)에게 증여할 예정.
- 손자는 조부와 별도로 아버지와 함께 거주하고 있음.

- 주택 증여 후 조부는 손자에게 증여한 주택을 3억 원(시가)에 전세 계약 체결 예정.

· **질의내용**

- 손자가 조부로부터 받은 전세보증금 3억 원으로 증여세를 납부할 경우 증여세 납부에 대한 자금출처로 소명 가능한지 여부.

Tip 자금조달계획서와 자금출처조사

주택을 거래할 때에는 자금조달계획서와 거래증빙을 제출하는 경우가 일반적이다. 부동산 거래가격이나 자금출처조사를 하기 위해 이를 제출하도록 하고 있기 때문이다. 이에 대한 자세한 내용은 저자의《부동산 거래 전에 자금출처부터 준비하라》를 참조하기 바란다.

06

부동산을 공짜로 사용해도 증여세가 부과되는가?

주로 가족 간에 부동산을 무상으로 이용하는 경우가 있다. 이에는 대표적으로 상가나 빌딩 등이 있고, 최근에는 주택에서도 이러한 행위가 많아졌다. 이에 세법은 부동산을 무상으로 사용하면 증여이익을 계산해 이에 대해 증여세를 과세하고 있다. 이하에서 이에 대해 알아보자.

1. 부동산 무상사용에 따른 이익의 증여세 과세방식

타인이 소유한 부동산을 무상으로 사용하는 경우로써 그 부동산 무상사용이익이 1억 원 이상(무상담보 사용인 경우 담보제공에 따른 이익은 1천만 원 이상)인 때에는 무상사용을 개시한 날(담보이용을 개시한 날)에 당해 이익에 상당하는 가액을 부동산 무상사용자(부동산을 담보로 이용한 자)에게 증여한 것으로 본다.

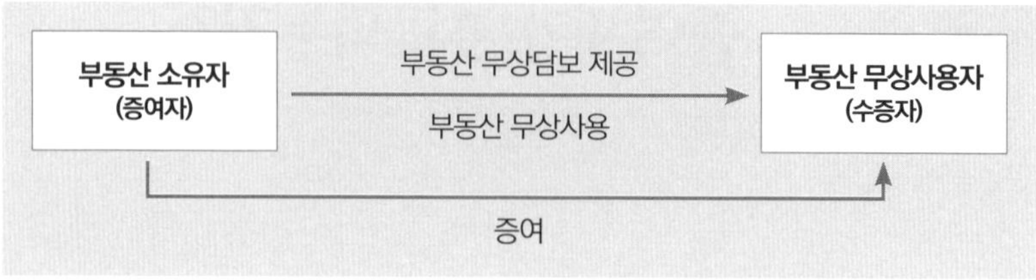

구체적인 과세방식 등을 표로 정리하면 다음과 같다.

구분	내용
과세 요건	타인 소유의 부동산을 무상으로 사용하는 경우 또는 타인의 부동산을 무상으로 담보로 이용해 금전 등을 차입한 경우
납세 의무자	부동산 무상사용자, 부동산 담보이용자
증여시기	사실상 부동산 무상사용을 개시한 날, 부동산 담보이용을 개시한 날
증여세 과세가액	① 부동산 무상사용이익이 1억 원 이상이어야 함. $$\text{부동산 무상사용이익} = \Sigma_{n=1}^{5} \frac{\text{각 연도의 부동산 무상사용이익*}}{(1+10\%)^n}$$ n : 평가기준일로부터 경과연수 * 각 연도의 부동산 무상사용이익 : 부동산가액 × 1년간 부동산 사용료를 감안한 재정부령이 정하는 율(2%) ② 부동산 담보제공 이익이 1천만 원 이상이어야 함 (차입금 × 적정이자율*) – 실제로 지급했거나 지급할 이자 * 적정이자율 : 법인세법상 당좌대출이자율(4.6%)

앞의 내용을 보면 부동산 무상사용이익이 1억 원 이상인 경우에만 증여세가 부과되는데, 이때 이익은 5년간의 무상사용이익을

10%의 할인율로 할인한 금액을 말한다. 구체적인 것은 사례를 통해 알아보자.

2. 적용 사례

사례를 들어 앞의 내용을 알아보자.

〈자료〉
- 세법상의 부동산 가격 : 20억 원
- 각 연도의 무상사용이익 : 4천만 원(20억 원×2%)

Q. 앞의 경우 5년간 무상사용이익은 얼마인가?

4천만 원에 5년을 곱하면 2억 원이 된다.

Q. 증여세 과세대상이 되는 부동산 무상사용이익은 얼마인가?

간편법에 의한 부동산 무상사용이익은 다음과 같이 계산한다.

- 부동산가액×2%×3.79079 = 20억 원×2%×3.79079
  = 151,631,600원

Q. 사례의 경우 증여세 과세대상은 얼마인가?

앞의 부동산 무상사용이익이 1억 원 이상인 경우에 증여세가 과세된다. 따라서 사례의 경우 앞의 금액 전체에 대해 증여세가 과세된다.

3. 기타 정리해야 할 사항들

부동산 무상사용이익과 관련해 기타 정리해야 할 것들은 다음과 같다.

첫째, 부동산 평가는 어떻게 할까?

부동산 무상사용이익을 계산할 때 부동산 가격을 어떤 식으로 평가하는지가 중요하다. 이에 대해 세법은 원칙적으로 시가로 평가하되 시가가 없는 경우에는 보충적 평가방법에 따라 정할 수 있도록 하고 있다.

둘째, 주택을 무상사용하는 경우에도 이 규정이 적용될까?

주택의 경우에는 다음과 같은 기준을 적용한다.

> **※ 상증세 집행기준 37-27-3 [주택을 무상사용하는 경우]**
> 타인 소유의 당해 주택을 무상으로 사용하는 경우에는 원칙적으로 무상사용이익에 대하여 증여세를 과세하나 타인인 주택소유자와 함께 거주하는 경우에는 과세하지 않는다.

셋째, 부동산 무상사용자가 임대사업을 영위하는 경우에는 다음의 기준을 참조하자.

※ 상증세 집행기준 37-27-4 [부동산 무상사용자가 임대사업을 영위하는 경우]

① 부동산 무상사용자가 특수관계인의 부동산을 이용하여 발생한 소득에 대하여 소득세를 부담하더라도 부동산 무상사용이익에 대한 증여세는 면제되지 아니한다.

② 토지와 건물의 소유자가 특수관계인인 경우에도 당해 소유자들이 부동산 임대업 등의 사업을 공동으로 운영하면 부동산 무상사용이익에 대하여 증여세를 과세하지 아니한다.

→ 배우자·자녀의 토지 위에 토지의 지분이 없는 남편이 당해 토지 위에 건물을 신축하고 공동사업을 할 경우에는 부동산 무상사용이익에 대한 증여세는 부과하지 아니한다.

| 심층분석 | 이혼과 증여세의 관계

이혼하면 혼인 이후에 형성된 재산은 부부의 공동재산에 해당하므로, 이를 각자의 몫으로 나누는 것이 원칙이다. 그런데 이러한 재산분할 방법을 잘못 이해하면 다양한 세금문제가 파생되는데 이하에서 살펴보자.

1. 사례 ①

〈자료〉

경기도 분당에서 거주하고 있는 김○○ 씨는 이혼 준비 중에 있다. 현재 남편은 직장생활을 하고 있으며 김 씨는 학원에서 강사생활을 하고 있다. 결혼 후에 남편 명의로 된 아파트를 구입했으며, 이외 오피스텔도 한 채가 있다.

Q. 앞의 아파트를 위자료 명목으로 받은 경우 과세되는 세금항목은?

위자료의 명목으로 아파트를 이전하면 이는 양도세 과세대상이 된다. 다만, 이 부동산이 1세대 1주택자로써 비과세물건에 해당하면 양도세는 없다.

Q. 앞의 아파트를 재산분할 명목으로 받은 경우 과세되는 세금항목은?

재산분할청구로 인해 부동산의 소유권이 이전된 경우에는 이를 양도 및 증여로 보지 않아서 양도세 및 증여세가 과세되지 아니한다.

Q. 앞의 아파트를 이혼 후에 남편이 처분해 현금으로 주는 경우 어떤 세금 문제가 있는가?

등기원인이 재산분할로 되어 있으면 세법적인 문제는 없을 것으로 보인다(과세관청의 유권해석에 따라 처리하기 바람).

※ 재산분할 부동산임을 입증하는 방법

· 소유권 이전등기 시 등기원인이 '재산분할'로 되어 있어야 한다.
· 재산분할임을 입증하는 서류에는 ① 이혼합의서, 또는 ② 판결문 등이 있다.

※ 서면4팀-3806, 2006. 11. 17

【제목】

이혼합의서에 재산분할청구로 인한 소유권이전임을 확인할 수 있는 경우 또는 재산분할청구권을 행사하여 혼인 후 취득한 부동산의 소유권이 이전되는 경우 양도 또는 증여로 보지 아니함.

【질의】

(사실관계)

협의이혼으로 인하여 재산분할을 하였으나 재산분할청구소송을 거치지는 않은 경우임.

(질의내용)

1) 위 경우 양도세가 과세되는지 여부
2) 과세되는 경우라면 양도가액을 실지거래가액으로 신고하여야 하는 지역의 양도가액은 한국감정원 등 2개 이상의 감정평가법인의 평가액을 평균한 금액으로 신고하고, 취득가액은 실지 취득한 가액으로 신고하는 것이 맞는지 여부

【회신】

1. 민법 제839조의 2 제1항의 규정에 의한 협의가 이루어져 이혼합의서에 재산분할청구로 인한 소유권이전임을 확인할 수 있는 경우, 또는 재산분할의 협의가 이루어지지 아니하여 가정법원에 재산분할청구권을 행사하여 혼인 후에 취득한 부동산의 소유권이 이전되는 경우에는 부부 공동의 노력으로 이룩한 공동재산을 이혼으로 인하여 이혼자 일방이 당초 취득시부터 자기지분인 재산을 환원받는 것으로 보므로 양도 또는 증여로 보지 아니하는 것이며, 이에 해당하는지 여부는 제반 사실관계를 종합하여 판단할 사항임.

2. 소득세법 제88조에 의하면 양도세가 과세되는 자산의 '양도'라 함은 자산에 대한 등기·등록에 관계없이 매도·교환·법인에 대한 현물출자 등으로 인하여 그 자산이 유상으로 사실상 이전되는 것을 말하는 것으로써, 채무액 또는 위자료에 갈음하여 부동산으로 대물변제하는 경우에는 양도에 해당되어 양도세의 과세대상이 되는 것이며,

3. 이혼위자료로 대물변제된 경우, 거래계약서가 작성되지 않아 실지거래가액을 확인할 수 없거나 거래가액이 소득세법 시행령 제176조의 2 규정에 해당하여 실지거래가액으로 인정 또는 확인할 수 없는 경우에는 소득세법 제114조 제5항의 규정에 의하여 산출한 가액을 실지거래가액으로 하는 것임.

2. 사례 ②

〈자료〉

서울 강동구에서 거주하고 있는 심○○ 씨는 2006년에 부인 명의로 아파트를 취득했다. 이 아파트를 2019년 5월에 심 씨가 증여를 받은 후 2019년 6월에 이혼했다. 심 씨가 이 아파트를 2022년 4월 이후에 양도하면 양도세 비과세를 받을 수 있을까? 심 씨는 이혼 후 1세대 1주택자에 해당하며, 양도대금은 전액 심 씨가 사용할 예정이다.

이 문제를 순차적으로 해결해보자.

1) 쟁점

심 씨는 2022년 4월 현재, 1세대 1주택자로서 보유기간 등이 2년이 넘어 양도세 비과세 요건을 충족한 것으로 보인다. 그런데 현행 소득세법에서는 배우자 또는 직계존비속으로부터 증여받은 후 처분한 부동산에 대해서는 이월과세와 부당행위계산의 부인제도 등을 적용하고 있다.

2) 세법규정의 검토

① 이월과세규정(소득세법 제97조의 2)

배우자 또는 직계존비속으로부터 부동산을 증여받아 5년 이내 양도하는 경우에는 취득가액을 당초 증여자가 취득한 가액으로 양도세를 계산한다. 이를 '이월과세제도'라고 한다. 이때 양도 당시 이혼으로 혼인관계가 소멸된 경우를 포함해 이 제도를 적용한다.

② 부당행위계산의 부인 규정(소득세법 제101조)

거주자가 특수관계인에게 자산을 증여한 후 그 자산을 증여받은 자가 그 증여일부터 5년 이내 다시 타인에게 양도한 경우로써 증여받은 자의 증여세와 양도세를 합한 세액이 증여자가 직접 양도하는 경우로 보아 계산한 양도세보다 더 적은 경우에는 증여자가 그 자산을 직접 양도한 것으로 본다(다만, 양도소득이 해당 수증자에게 실질적으로 귀속된 경우에는 적용되지 않음). 이를 '부당행위계산의 부인'제도라고 한다. 이혼한 경우에는 이 규정을 적용하지 않는 것으로 파악된다.

3) 사례의 세법 적용

· 사례는 심 씨가 이혼 전에 배우자로부터 증여받아 증여일로부터 5년 이내 양도한 건에 해당한다. 따라서 이월과세규정이 적용된다.

· 심 씨는 1주택 상태에서 2년 이상을 보유 등을 하면 양도세 비과세가 적용될 수 있다. 한편 이처럼 양도세 비과세가 되는 주택에 대해서는 이월과세규정을 적용하지 않는다(소득세법 제97조의 2 제2항 제2호).

· 다만, 소득세법상 부당행위계산의 부인규정이 적용될 수 있으나 심 씨와 배우자가 이혼했으므로 이 규정은 적용되지 않는다.

· 따라서 심 씨가 증여일로부터 2년 이상 보유한 상태에서 양도하는 경우에는 1세대 1주택 비과세를 받을 수 있다.[25)]

---

25) 참고로 이혼의 경우 2021년 1월 1일부터 적용되는 최종 1주택 보유기간 재계산 규정이 적용되지 않는다.

3. 이혼과 세무관리법

1) 이혼 시의 세무관리법

세법은 이혼과정에서 발생하는 위자료와 재산분할의 성격에 따라 과세방식을 달리 적용하고 있다. 일단 재산분할의 경우에는 부동산이든, 현금이든 본인의 지분을 찾아간다는 측면에서 양도나 증여로 보지 않는다. 따라서 이런 과정에서는 양도세나 증여세가 개입될 여지가 없다. 하지만 위자료의 경우에는 정신적 고통 등에 의해 지급된다는 점에서 부동산이든, 현금이든 증여세의 문제는 없지만, 부동산에 대해서는 양도세를 부과하고 있다. 부동산을 이전하는 쪽에서 위자료를 지급할 채무가 소멸하는 경제적 이익을 얻었다는 점에서 이를 유상양도로 보기 때문이다. 따라서 위자료와 재산분할에 대한 세금 문제는 다음과 같이 정리된다.

구분	위자료		재산분할		부양료	
	부동산	현금	부동산	현금	부동산	현금
양도세	○[26)	×	×	×	○	×
증여세	×	×	×	×	×	×

2) 이혼 후의 세무관리법

이혼한 후에 주택에 대한 비과세 등의 처리법에 대해 알아보자.

① 1세대 1주택 상태에서 이혼 후 양도하는 경우

1세대 1주택 상태에서 이혼한 경우 해당 주택은 이혼 후에 바로 양도해도 대부분 비과세를 받을 수 있다. 다음 예규로 이를 확인해보자.

26) 만일 이전해서 주는 부동산이 1세대 1주택으로써 비과세 요건을 갖춘 때에는 등기원인이 위자료 지급 등이 되더라도 양도세가 과세되지 않는다.

· 재산분할로 주택을 취득한 경우

※ 서면4팀-576, 2006. 3. 14

민법 제839조의 2 제1항의 규정에 의한 협의가 이루어져 이혼합의서에 재산분할청구로 인한 소유권이전임을 확인할 수 있는 경우, 또는 재산분할의 협의가 이루어지지 아니하여 가정법원에 재산분할청구권을 행사하여 부동산의 소유권이전이 이루어지는 경우에는 본질적으로 부부 공동의 노력으로 이룩한 공동재산을 이혼으로 인하여 이혼자 일방이 당초 취득 시부터 자기지분인 재산을 환원받는 것으로 보며, 이 경우 자기지분이 환원된 이혼자의 부동산 취득시기는 다른 일방 이혼자의 당초 부동산 취득시기에 부동산을 공동으로 취득한 것이 되어 취득시기가 당초 취득한 날로 소급되는 것임.

· 이혼 전에 주택을 증여받은 경우

※ 서면-2016-법령해석재산-3313 [법령해석과-2325], 2016. 7. 14

[제목]

배우자 등 이월과세를 적용하여 1세대 1주택 비과세에 해당하는지 여부

[요지]

증여 당시 1세대 1주택에 해당하는 주택을 배우자로부터 증여받아 이혼 후 양도하는 경우에는 소득세법 제97조의2 제2항 제2호를 적용하지 아니함.

[회신]

앞의 서면질의의 경우와 같이, 거주자가 양도일부터 소급하여 5년 이내 그 배우자(양도 당시 혼인관계가 소멸된 경우 포함)로부터 증여받은 자산을 양도하는 경우 취득가액은 그 배우자의 취득 당시 금액으로 하고, 그 배우자의 보유기간을 통산하는 것임. 이 경우 증여일 현재 '소득세법' 제89조 제1항 제3호에 따른 1세대 1주택에 해당하는 주택을 배우자로부터 증여받아 이혼 후 양도하는 경우에는 같은 법 제97조의 2 제2항 제2호를 적용하지 않는 것입니다.

1. 사실관계

- 2008. 11. 4. 갑(甲)의 남편 을(乙), 아파트 취득
- 2015. 6. 17. 을(乙)은 갑(甲)에게 위 아파트를 증여
- 증여 당시 을(乙)이 소유한 주택은 위 아파트 1개
- 2016년 1월 갑(甲)과 을(乙)은 이혼

※ 갑(甲)은 이혼 전 을(乙)로부터 증여받은 아파트를 양도할 예정

2. 질의내용

- 이혼 전 배우자로부터 증여받은 주택을 5년 내 양도할 때 소득세법 제97조의 2 제2항 제2호를 적용하여 배우자 이월과세를 배제할 것인지 여부

② 1세대 2주택 이상 상태에서 이혼한 경우

1세대 2주택 이상 보유한 상태에서 이혼한 후 1주택을 보유한 경우 비과세는 어떻게 적용될까?

〈자료〉

K씨는 2020년 7월에 2주택을 보유하고 있는 남편으로부터 아파트 1채를 증여받았다. 그런 후 2021년 8월 이혼을 했다.

Q. K씨의 남편이 이혼 후 1주택을 양도하면 비과세를 받는가?

그렇다. 이혼 후에는 남편은 1세대를 구성하고 보유기간 등 비과세 요건을 갖추었기 때문이다(서면5팀-947, 2007. 3. 23 등 참조).

Q. K씨가 이혼 후 보유한 주택은 1세대 1주택에 해당한다. 이 주택을 양도하면 비과세를 받을 수 있는가?

K씨도 그의 남편처럼 이혼 후에 세대분리가 되었으므로 이 경우 1세대 1주택에 해당한다. 따라서 2년 보유 등을 하면 비과세를 적용한다. 이때 취득시점은 증여자인 남편의 취득시점이 되는 것이며, 보유기간은 당초 취득일부터 기산한다.

Q. 앞의 경우 최종 1주택에 대한 보유기간이 변경되지 않는가?
재산분할은 해당 사항이 없다. 그런데 증여로 주택 수가 분산된 경우에는 이 규정이 적용될 가능성도 있어 보이나, 이혼 전에 증여로 주택 수가 분산되고 그 이후 이혼을 했으므로 이 규정이 적용되지 않을 것으로 보인다. 최종 유권해석을 확인하자.

3) 이혼 후 재결합한 경우
이혼 후 재결합한 경우에는 동일 세대원이 된다. 이 경우 다음처럼 양도세 비과세를 적용한다.

① 혼인 후 1세대 1주택이 된 경우
무주택자와 1주택자가 혼인한 경우에는 1세대 1주택자가 된다. 이 경우 2년 보유 등을 하면 비과세를 받을 수 있는데, 이때에는 혼인 전에 보유 및 거주한 기간이 그대로 승계가 된다. 따라서 이 주택을 바로 양도해도 비과세를 받을 수 있다.

② 혼인 후 1세대 2주택이 된 경우
혼인으로 2주택자가 된 경우 혼인합가에 의한 비과세 특례를 적용받을 수 있다. 즉 혼인합가로 인해 5년 내 1주택을 양도하면 비과세를 받을 수 있다.

※ 사전-2015-법령해석재산-0441, 생산일자 2016. 1. 29
[요지]
이혼으로 인한 재산분할로 부동산 소유권을 이전하는 것은 양도세 과세대상에 해당하지 아니하며, 이혼 후 재결합으로 인하여 1세대 2주택이 되었으나 재결합일로부터 5년 이내 주택을 양도하는 경우 1세대 1주택으로 보아 비과세를 적용하며 일방이 재산분할로 취득한 부동산을 양도하는 경우 양도하는 부동산의 취득시기는 다른 일방의 취득일이 되는 것임.

[답변내용]

이혼으로 인하여 혼인 중에 형성된 부부공동재산을 민법 제839조의 2에 따라 재산분할하여 각각 1주택을 보유하던 쌍방이 다시 재혼한 후 재혼한 날부터 5년 이내 먼저 양도하는 주택(고가주택 제외)은 소득세법 제89조 제1항 제3호 및 같은 법 시행령 제155조 제5항에 따라 1세대 1주택으로 보아 양도세를 부과하지 아니하는 것임. 이 경우, 일방이 민법 제839조의 2에 따라 재산분할하여 취득한 부동산을 양도하는 경우 다른 일방의 취득시기를 기준으로 취득가액 및 보유기간 등을 산정하는 것임.

다만, 법률상으로만 이혼을 하고 실제로는 계속하여 생계를 같이하는 등 사실상 이혼한 것으로 보기 어려운 경우에는 1세대 1주택 비과세를 적용하지 아니하는 것이며, 이에 해당하는지는 사실판단할 사항임.

Tip 이혼 시 재산분할에 따른 취득세율

민법 제834조 등에 따른 재산분할로 취득한 경우의 취득세율은 일반세율보다 낮게 적용되는 바 구체적인 내용은 지방세법 제15조를 참조하기 바란다(법조문은 법제처 사이트를 통해 알 수 있다).

Tip 재산분할 청구권(민법 제839조의 2)

① 협의상 이혼한 자의 일방은 다른 일방에 대하여 재산분할을 청구할 수 있다.

② 제①항의 재산분할에 관하여 협의가 되지 아니하거나 협의할 수 없는 때에는 가정법원은 당사자의 청구에 의하여 당사자 쌍방의 협력으로 이룩한 재산의 액수 기타 사정을 참작하여 분할의 액수와 방법을 정한다.

③ 제①항의 재산분할청구권은 이혼한 날부터 2년을 경과한 때에는 소멸한다.

※ 재산분할청구권은 혼인 후 형성된 재산에 대하여만 적용한다.

재산분할계약서(협의서)

20○○년 ○○월 ○○일 ○○○와 ○○○의 이혼으로 인해 다음과 같이 재산분할을 하기로 협의한다.

부동산표시

1.

2.

위 협의를 증명하기 위해 이 협의서 2통을 작성하고 다음과 같이 서명·날인해 그 1통씩을 각자 보유한다.

20○○년 ○○월 ○○일

계약자(협의자)

이 름 : ○○○ (인) (주민등록번호 :)

주 소 : ○○시 ○○구 ○○동 ○○

계약자(협의자)

이 름 : ○○○ (인) (주민등록번호 :)

주 소 : ○○시 ○○구 ○○동 ○○

제 7 장

상속 대 증여 대 매매선택

01 가족 간의 재산 이전방법은?

앞에서 보았듯이 대물림의 대표적인 방법 중 하나가 증여임을 알 수 있었다. 그렇다면 대물림 방법에는 증여를 포함해 어떤 것들이 있을까? 이러한 내용을 아는 것은 향후 다양한 의사결정을 위해 반드시 필요하다. 이하에서 이에 대해 정리해보자.

1. 상속

상속은 자연인의 사망에 따라 그 재산이 이전되는 것을 말한다.[27] 따라서 자연인이 사망하면 그의 유족 등에게 재산이 이전되는 것이 일반적이다.

---

27) 이에는 다음 각 목의 것을 포함한다.
가. 유증(遺贈)
나. 민법 제562조에 따른 증여자의 사망으로 인하여 효력이 생길 증여(상속개시일 전 10년 이내 피상속인이 상속인에게 진 증여채무 및 상속개시일 전 5년 이내 피

→ 세법은 이에 대해 상속세를 부과한다.

2. 증여

통상 증여는 A의 재산을 B 앞으로 무상이전하는 것을 일컫는다. 여기서 A는 부모가 될 수가 있고, 배우자나 자녀가 될 수도 있다. B의 경우도 마찬가지다. 앞의 A는 통상 증여자, 그리고 B는 수증자, 즉 증여를 받는 사람을 말한다. 참고로 채무를 포함해 증여하면 채무는 양도로 그 외는 증여로 본다.[28)]

→ 세법은 이에 대해 증여세를 부과한다.

3. 매매

매매는 돈을 주고받는다는 점에서 무상으로 재산이 이전되는 상속과 증여와 차이가 있다. 하지만 가족 간에는 매매계약을 쉽게 할 수 있으며, 이 과정에서 거래금액을 손쉽게 정할 수 있는 등 사실상 증여와 같은 효과를 누릴 수 있게 된다.[29)]

상속인이 상속인이 아닌 자에게 진 증여채무의 이행 중에 증여자가 사망한 경우의 그 증여를 포함한다. 이하 '사인증여(死因贈與)'라 한다)

다. 민법 제1057조의 2에 따른 피상속인과 생계를 같이하고 있던 자, 피상속인의 요양간호를 한 자 및 그 밖에 피상속인과 특별한 연고가 있던 자(이하 '특별연고자'라 한다)에 대한 상속재산의 분여(分與)(2015. 12. 15 신설)

라. 신탁법 제59조에 따른 유언대용신탁(2020. 12. 22 신설)

마. 신탁법 제60조에 따른 수익자연속신탁

28) 법인도 수증의 주체가 될 수 있다.

29) 거래금액을 낮추어 거래하면 소득세법 부당행위계산부인제도, 상증법상 증여의제제도가 적용될 수 있다.

→ 세법은 이에 대해 양도세를 부과한다.

4. 적용 사례

K씨는 10여 년 전에 아버지 명의를 빌려 주택을 구입했다. 본인 명의로 1채를 더 구입하면 1세대 2주택이 되어 향후 이에 대해 비과세를 받지 못할 것으로 생각했기 때문이다. 요즘 아버지가 편찮아서 이 주택을 처분하고자 하나 여의치가 않다. 그래서 하는 수 없이 이 부동산을 어떤 식으로든 본인 명의로 돌려놓고 싶은데, 어떻게 하는 것이 좋을지가 궁금하다.

일단 남의 명의로 된 부동산은 세법 이전에 부동산 실명제 위반으로 과징금 등의 제재를 받게 된다. 따라서 실무적으로 이러한 부분을 먼저 고려할 필요가 있다(단, 소멸시효는 7년임). 이러한 법률 위반 문제를 제쳐놓고 해당 부동산을 이전하는 방법은 다음과 같다.

첫째, 상속이 있다.

상속은 가장 저렴하게 이전할 수 있는 수단이 된다. 상속재산가액이 10억 원에 미달하면 상속에 따른 취득세만 부담하면 되기 때문이다. 하지만 상속이 발생할 때까지를 기다려야 하고, 상속분쟁이 발생할 수 있다는 단점이 있다.

둘째, 증여가 있다.

생전에 증여를 통해 자산을 이전받을 수 있다. 하지만 증여의 경우에는 증여세가 많이 나올 수 있다는 단점이 있다. 만약 증여로 이전하는 경우에는 부담부증여 방식을 별도로 검토할 필요가 있다.

셋째, 매매가 있다.

매매방식도 하나의 대안으로 검토할 수 있지만, 특수관계인 간의 거래에 대해서는 자금출처조사를 하기 때문에 매우 유의해야 한다. 한편 저가나 고가로 양도하는 경우에도 시가를 조사해 과세할 수 있으므로 적정가액을 잘 정하는 것도 중요하다.

Tip 가족 간 재산이전 방법과 효과

가족 간에 자산(특히 부동산)을 이전하는 방법은 다음과 같이 다양하다. 따라서 실무에서는 세부담을 고려한 후 어떤 규제가 있는지도 아울러 고려해야 한다.

구분	양도	증여		상속
		순수	부담부	
거래방식	유상이전	무상이전	유상이전 + 무상이전	무상이전
과세표준	양도가액 – 취득가액 – 각종 공제	증여재산가액 – 증여재산공제	양도세 과세표준 + 증여세 과세표준	상속재산가액 – 상속공제
세율	기본세율, 중과세율 등 다양	증여세율 10~50%	양도세율, 증여세율	상속세율 10~50%
세무상 유의할 점	· 대가관계가 명백해야 함. · 저가 또는 고가 양도 시 규제	· 증여재산가액 평가에 유의 · 사전증여 시 합산과세에 유의	· 부채의 적격성에 유의	· 상속재산가액 평가에 유의 · 사전증여 시 합산과세에 유의
유류분과의 관련성	없음.	해당함.	증여분만 해당함.	–

☞ 실무적으로 네 가지 안을 놓고 세금계산을 한 후 유의할 점을 검토하는 것이 좋다.

02 상속 전 증여하는 것이 좋을까?

사전증여하면 상속재산가액이 줄어들어 상속세가 줄어들 가능성이 높다. 하지만 증여를 하게 되면 증여세 등이 발생하므로 상속세 절세를 위해 사전증여를 하는 것이 유리한지, 유리하지 않은지 이에 대한 의사결정을 제대로 할 수 있어야 한다.

1. 상속세 절세를 위해 사전증여가 좋은 경우

이에는 다음과 같은 경우가 해당한다.

첫째, 재산이 많은 경우
재산이 많으면 사전에 증여하는 경우가 많다. 상속세 부담을 줄이기 위해서다.

둘째, 가격이 저평가된 경우

가격이 저평가된 자산을 증여하면 가치 상승분에 대해서는 상속세를 회피할 수 있다.

셋째, 10년 합산과세를 피하고자 하는 경우

상속세 10년 합산과세를 피하기 위해서는 사전에 증여하는 것이 좋다.

2. 상속세 절세를 위해 사전증여가 좋지 않은 경우

상속세 절세를 위해 사전증여가 좋지 않은 경우도 있다.

첫째, 재산이 많지 않은 경우

재산이 많지 않으면 상속세가 나오지 않을 가능성이 높으므로 이 경우에는 사전증여의 필요성이 떨어진다.

둘째, 증여에 대한 대안이 있는 경우

증여의 경우 10년 합산과세 등의 문제가 있지만, 매도 등을 선택하면 이러한 문제를 피할 수 있다.

셋째, 상속이 임박한 경우

상속이 임박한 상태에서 사전증여하면 상속공제를 적용할 때 해당 금액이 차감되는 불이익을 받을 수 있다. 세법에서는 상속인이 아닌 자에게 유증이나 사인증여, 상속포기에 의해 다음 순위의 상속인이 받은 재산가액, 사전에 증여한 재산 등은 아래처럼 상속공제 한도액 계산 시 차감하도록 하고 있기 때문이다.

상속세 과세가액
- 상속인이 아닌 자에게 유증·사인 증여한 재산가액
- 상속인의 상속포기로 그다음 순위의 상속인이 받은 상속재산가액
- 상속세 과세가액에 가산한 증여재산가액(증여재산공제액과 재해손실공제액을 차감한 가액)
= 상속공제 종합한도액

위 내용을 보면 상속세 과세가액에 가산한 증여재산가액(단, 증여재산공제액 등을 차감)도 공제혜택을 주지 않는다. 사전증여재산은 누진적인 상속세 부담을 줄이기 위한 행위이므로 이에 대해서는 상속공제혜택을 주지 않으려는 취지가 있다. 다만, 이 규정은 상속세 과세가액이 5억 원을 초과하는 경우에만 적용한다. 이 단서 규정은 중요한 의미가 있으므로 다음 사례를 통해 확인해보자.

〈자료〉
· K씨의 상속개시일 현재의 재산가액 : 10억 원
· K씨가 상속개시일 3년 전에 자녀에게 증여한 재산 : 5억 원(증여재산공제 5천만 원)

Q. 이 경우 상속공제 종합한도액은 얼마인가?

구분	금액
상속세 과세가액	15억 원
- 상속인이 아닌 자에게 유증·사인 증여한 재산가액	
- 상속인의 상속포기로 그다음 순위의 상속인이 받은 상속재산가액	
- 상속세 과세가액에 가산한 증여재산가액(증여재산공제액과 재해손실공제액을 차감한 가액)	4억 5천만 원
= 상속공제 종합한도액	10억 5천만 원

Q. 이 경우 상속공제액이 12억 원이라면 얼마까지만 공제를 받을 수 있는가?

배우자상속공제 등을 합해 상속공제액이 12억 원이 나왔더라도 앞에서 본 종합한도까지만 상속공제가 허용된다.

Q. 여기서 얻을 수 있는 교훈은?

상속세 과세가액이 5억 원이 넘는 상황에서 증여재산공제를 넘는 증여를 해서 상속재산가액에 합산되면 상속공제 종합한도가 줄어든다는 것이다. 따라서 재산이 어느 정도 있는 층은 하루라도 빨리 증여를 하는 것이 좋을 수 있음을 알 수 있다.

Tip 재산규모별 사전증여의 전략

1. 보유재산이 10억 원 이하인 경우

상속재산가액이 10억 원 이하가 되는 경우에는 피상속인의 배우자가 살아있는 한, 현행 세법하에서는 상속세가 원칙적으로 과세되지 않는다. 배우자공제를 최소한 5억 원 받을 수 있고, 기초공제(2억 원)와 기타 인적공제 대신 5억 원의 일괄공제를 받을 수 있기 때문이다. 따라서 상속재산이 이 금액에 미달될 것으로 예상되는 경우에는 상속세를 피하기 위해 사전에 증여할 필요성은 떨어진다. 오히려 이런 상황에서 사전증여하면 애꿎은 증여세와 취득세만 날아간다.

2. 보유재산이 10억~20억 원 사이인 경우

재산규모가 10억~20억 원대는 다른 층보다 다양한 대안을 만들 수가 있다. 예를 들어 이런 층들은 자산의 일부를 사전에 증여하거나 상속준비 기간 중에 합법적인 범위 내에서 재산을 인출해 사용할 수도 있고, 실제 상속발생 시 배우자공제제도를 활용하면 세금을 축소시킬 수 있다. 참고로 상속준비기간 중에 재산을 인출한다는 것은 상속개시일 전 1년(2년) 내 재산종류별로 2억 원(5억 원) 이하의 금액은 상속재산에 합산하지 않는다는 상속추정제도를 말한다.

그런데 앞에 언급된 사전증여는 당장 증여세나 취득세 등의 현금지출이 발생하고, 또 상속 전에 상속재산을 인출하는 것은 편법적인 자산은닉으로 비칠 가능성이 있다. 따라서 현실적으로 이 정도의 재산 규모에서는 배우자상속공제나 동거주택상속공제를 활용해보는 것이 괜찮은 방법이 될 수 있다.

3. 보유재산이 20억 원을 초과하는 경우

상속재산이 20억 원대를 넘어서면 미리 증여하거나 처분해 재산을 리모델링할 필요가 있다. 다만, 실무적으로는 상속세 예측 등을 통해 사전증여액의 규모나 증여시기 등을 꼼꼼히 결정할 필요가 있다. 예를 들어 10년 후에 상속이 발생하고 그때의 상속재산이 30억 원쯤 된다고 하자. 그리고 이 중 5억 원 정도의 상속재산을 덜어낸다면 어떤 효과가 발생할까?

구분	당초	변경
상속재산	30억 원	25억 원
- 상속공제	- 10억 원	- 10억 원
= 과세표준	= 20억 원	= 15억 원
× 세율	× 40%(누진공제 1억 6천만 원)	× 40%(누진공제 1억 6천만 원)
= 산출세액	= 6억 4천만 원	= 4억 4천만 원

표를 보면 상속재산 5억 원이 사전증여되면 향후 상속세는 2억 원이 떨어진다. 그렇다면 지금 증여하는 것이 좋을까?

그런데 증여 전에 반드시 고려할 것이 있다. 그것은 다름 아닌 증여세와 취득세 등의 과세문제다. 그래서 이런 유형의 의사결정 시에는 사전증여에 의해 증가하는 금액과 추후 상속세 절감액을 비교해보아야 한다. 다만, 실무적으로 증여를 부담부증여방식으로 하면 최소한의 세금만을 부담할 수도 있다. 이와 함께 증여세는 현재 시점에서의 현금지출을 의미하므로 이 금액에 대한 기회비용(증여세 현금지출분을 다른 투자 상품에 투자했을 때 최소한 벌어들일 수 있는 수익률)을 생각할 필요가 있다.

한편 부동산 가격이 지속적으로 상승한다고 가정한다면 사전증여가 오히려 해보다 득이 될 가능성이 높다. 예를 들어 앞의 상속재산이 물가상승 등의 영향으로 30억 원에서 35억 원으로 증가되었다면 상속세 예상액은 6억 4천만 원에서 8억 4천만 원{과세표준 25억 원×상속세 세율 40%-1억 6천만 원(누진공제)}으로 2억 원이 증가한다. 따라서 사전증여를 하게 되면 2억 원 정도의 상속세를 추가로 절감할 수 있게 된다. 이런 점 때문에 부동산 가격이 상승하는 국면에서는 사전증여가 빠를수록 좋다고 하는 것이다.

03

상속 전에 증여보다 매도가 좋은 경우는?

상속을 앞둔 사람들은 상속세를 줄이기 위해 일반적으로 증여를 선택하는 경우가 많다. 그런데 증여 대신 매도를 선택하는 경우도 있다. 알다시피 전자는 무상이고, 후자는 유상에 해당하는 차이가 있다. 이외에도 상속세 합산과세와 유류분 산정 등에서도 차이가 있다. 이하에서는 상속 전 매도에 관한 내용들을 알아보자.

1. 시가로 양도한 경우

부모가 보유한 부동산을 자녀가 매수하는 경우가 있다. 이때 다음과 같은 쟁점들이 발생한다.

1) 양도자와 매수자의 세금문제

양도자와 매수자가 정상적으로 거래를 하는 경우에는 세법이나 기타법이 이를 규제할 이유가 없다. 따라서 양도자는 양도세를 내면 그만이고, 매수자는 취득세를 내면 그만이다.

2) 상속세 합산과세의 문제

부모가 양도한 자산은 증여한 것이 아니므로 향후 상속재산에 합산되지 않는다. 물론 양도대가를 보관하고 있다면 이 금액이 상속재산에 합산된다.

3) 유류분 산정의 문제

유류분은 유족분들이 받을 수 있는 최소한의 상속지분을 말하는데, 이때 양도한 부동산은 증여한 것이 아니므로 유류분 대상에 포함되지 않는다. 그 대신 양도대가를 사전에 증여했다면 이는 유류분 청구대상에 포함될 수 있다.

2. 저가로 양도한 경우

1) 양도자와 매수자의 세금문제

저가로 양수도를 하면 양도자는 소득세법상 부당행위계산부인제도, 매수자는 상증법상 증여의제규정이 적용된다. 이에 대해서는 제6장을 참조하기 바란다.

2) 상속세 합산과세의 문제

부모가 양도한 자산은 증여한 것이 아니므로 향후 상속재산에 합산되지 않는다. 다만, 저가로 양도를 해 증여금액이 늘어날 수 있는데, 이 금액이 상속재산도 상속재산가액에 합산된다(상증법 제47조 참조).

3) 유류분 산정의 문제

부동산을 저가로 양도한 경우 시가와 저가의 차이는 실질적으로 증여에 해당하므로 이 부분도 유류분 청구 대상에 포함될 것으로 보인다.

3. 적용 사례

사례를 통해 앞의 내용을 이해해보자.

〈자료〉

A씨는 자녀에게 다음과 같이 부동산을 매도했다.

· 시가 5억 원

· 이를 3억 원에 매도(이에 대한 대금은 수령했음)

Q. 이 경우 A씨에게 소득세법상 부당행위계산부인제도가 적용되는가?

그렇다. 부당행위는 5%와 3억 원 기준을 사용한다. 사례의 경우 시가와 거래가액의 차액이 2억 원이고, 이 금액이 시가의 5%인 2,500만 원과 3억 원 중 적은 금액인 2,500만 원을 초과한다.

Q. 이 경우 자녀에게 증여세가 과세되는가?

그렇다. 저가양도에 따른 증여세는 30%와 3억 원 기준을 사용한다.

사례의 경우 시가와 거래가액의 차액이 2억 원이고, 이 금액이 시가의 30%인 1억 5천만 원과 3억 원 중 적은 금액인 1억 5천만 원을 초과한다.

Q. 시가와 저가의 차액에 대해서는 유류분을 청구할 수 있는가?

저가양도에 따른 증여부분에 대해서도 유류분 청구대상이 된다고 한다.

Tip 매매가액을 정하는 방법

- 먼저 시가를 찾는다.
- 시가는 매매사례가액이나 감정가액을 기준으로 한다.
- 시가가 밝혀지면 앞에서 본 5%나 30% 등의 기준을 감안해 최종 매매가액을 정하도록 한다.

04

증여와 매도 중 어떤 것이 더 좋을까?

자녀에게 증여할 것인가, 매도할 것인가 둘 중 하나를 선택하라고 하면 어떤 기준으로 선택해야 할까? 실제 이러한 문제는 실무에서 종종 일어난다. 이하에서는 사례를 통해 이 문제를 해결해보자.

〈사례〉

K씨는 성년인 아들에게 자산을 물려주는 방법이 증여나 양도가 있다는 것을 알게 되었다. 그런데 증여와 양도 중 어떤 것이 좋을지 헷갈렸다. 자료는 다음과 같다. 과연 K씨의 답답한 마음을 해결할 수 있을지 살펴보자.

※ 저자 주

가족 간의 증여나 매매 의사결정 시에 제일 먼저 해야 할 일은 해당 부동산의 시가를 정확히 측정하는 것이다. 이를 위해서는 매매사례가액이나 (탁상)감정가액이 있는지 등을 조사하는 것이 좋다.

〈자료〉
· 시가 : 3억 원(기준시가 2억 원)
· 증여재산가액 : 3억 원(시가로 평가, 증여재산공제는 5천만 원 적용)
· 취득가액 : 2억 원
· 장기보유특별공제율 : 30%(기본공제 250만 원 미적용)
· 취득세 : 증여재산가액의 3.5% 또는 12%, 양수금액의 1%

앞의 K씨의 궁금증을 순차적으로 해결해보자.

1. 증여 취득세율이 3.5%인 경우

증여 취득세율이 3.5%인 경우를 먼저 살펴보자.

STEP 1 **세금비교**

다음과 같이 증여와 양도에 대해 세금유출액을 구한다.

구분	증여	양도
증여세/양도세	4천만 원	1,158만 원
	(3억 원-5천만 원)×20% -1천만 원(누진공제)	(3억 원-2억 원)×70%×6~45% = 1,158만 원
취득세	700만 원	300만 원
	2억 원×3.5% = 700만 원	3억 원×1% = 300만 원
계	4,700만 원	1,458만 원

STEP 2 K씨의 선택

K씨는 증여보다는 양도를 선택할 유인이 높아진다. 특히 양도의 경우에는 거래금액을 임의로 잡을 수 있기 때문에 양도세와 취득세를 동시에 줄일 수 있는 여지가 있다.

2. 증여 취득세율이 12%인 경우

증여 취득세율이 12%인 경우를 살펴보자.

STEP 1 세금비교

다음과 같이 증여와 양도에 대해 세금유출액을 구한다.

구분	증여	양도
증여세/양도세	4천만 원	1,158만 원
	(3억 원-5천만 원)×20% -1천만 원(누진공제)	(3억 원-2억 원)×70%×6~45% = 1,158만 원
취득세	2,400만 원	300만 원
	2억 원×12% = 2,400만 원	3억 원×1% = 300만 원
계	6,400만 원	1,458만 원

STEP 2 K씨의 선택

증여에 따른 취득세가 중과세되는 경우에도 증여보다는 양도를 선택할 유인이 높아진다.

→ 실무에서는 다음과 같은 툴로 세 가지 대안을 비교하면 세부담 차이를 알 수 있다.

구분	일반증여	부담부증여			매매
		증여	양도	계	
양도세/취득세	양도세	증여세	양도세		양도세
취득세	무상취득세	무상취득세	유상취득세	-	유상취득세
계					

Tip 증여(부담부 증여 포함) 대 매매의 비교

구분	증여		매매
	일반증여	부담부증여	
1. 개념	재산을 무상으로 이전하는 방법	재산을 유상과 무상으로 동시에 이전하는 방법	재산을 유상으로 이전하는 방법
2. 대가 수반 여부	없음.	일부 있음(대출금이나 전세보증금이 승계). ※ 대출금 승계 여부는 금융기관에서 미리 확인해야 함.	있음(대출금이나 전세보증금 승계 포함).
3. 거래가액 측정	시가 → 매매사례가액·감정가액 → 기준시가순 ※ 상증법상 평가기준 적용		계약금액 ※ 부당행위적용 시 상증법상 평가(±3개월) 기준에 따름.
4. 증여추정	해당 사항 없음. ※ 증여추정은 직계 간 매매를 증여로 추정하는 제도임.		직계 간 매매는 증여로 추정(대가관계 입증해야 함)
5. 저가양도로 인한 부당행위 계산부인/증여세과세	해당 사항 없음.		· 저가양도자 : 부당행위(5%, 3억 기준) · 저가양수자 : 증여의제(30%, 3억 기준) ※ 시가 확정 후 위 규정을 적용함(주의!)
6. 취득가액 이월과세 적용	증여 후 5년 내 양도 시 적용(취득가액을 당초 증여자의 것으로 함. 비과세주택은 제외)		해당사항 없음.

| 심층분석 | 법인 증여의 실익분석

주식회사와 같은 영리법인이 증여를 받는 경우가 종종 있다. 이 경우 과세문제는 어떻게 될지 궁금할 수 있다. 이하에서 이에 대해 정리를 해보자. 참고로 영리법인이 상속을 받는 경우는 그렇게 흔하지 않다.

1. 개인이 법인에게 증여한 경우의 세금관계

· 개인이 법인에 증여하면 영리법인은 이를 자산수증익으로 처리하고 법인세를 내야 한다.

· 증여받은 법인의 주주가 증여자와 특수관계에 해당하면 그 법인의 주주에 대해 증여세가 부과될 수 있다.

2. 적용 사례

〈자료〉

서울 강동구 풍납동에서 살고 있는 김현철 씨의 아버지가 5억 원의 자금을 준비해두고, 이를 현재 회사의 대표를 맡고 있는 김 씨에게 증여하고자 한다. 이를 개인에게 증여하여 회사로 가수금[30]으로 입금시키는 것이 좋을지 법인에 직접 증여하는 것이 좋을지 세금 측면에서 의사결정을 내려 보자. 김 씨는 이 회사의 주식 100%를 소유하고 있고, 이 법인의 올해 당기순이익은 1억 원이며 법인세율은 10~25%다.

Q. 법인의 주주에 대해서는 증여세 과세문제는 없는가?

다음 페이지의 표를 보면 일차적으로 개인이 증여받는 것과 법인이 증여받는 것의 세금의 크기는 동일하다. 하지만 법인이 증여받은 경우에는 두 가지의 세무상 쟁점이 발생한다.

30) 가수금은 일종의 차입금에 해당한다.

· 주주에 대한 증여세 과세

법인에 증여하는 것은 궁극적으로 그 법인의 주주에게 흘러간다. 이에 상증법 제45조의 5에서는 법인의 주주와 특수관계에 있는 자로부터 증여를 받으면 주주에게 증여세를 부과한다. 다만, 증여이익은 주주 1인당 1억 원 이상이 되어야 한다.

· 잔여이익에 대한 배당소득세 과세

법인이 증여받은 이익을 내부에 유보한 경우에는 이에 대해서는 배당소득세가 추가될 수 있다.

Q. 개인이 증여받은 경우와 법인이 증여받은 경우의 증여세와 법인세는?

구분	개인수증	법인수증
세목	증여세	법인세
증여가액	5억 원	5억 원
공제금액	5,000만 원	0
과세표준	4억 5,000만 원	5억 원
세율	20%(누진공제 1천만 원)	10~25%
산출세액	8,000만 원 (4억 5천만 원×20%-1천만 원)	8,000만 원 (2억 원×10%+3억 원×20%)
평균세율 (산출세액/증여가액)	16.0%	16.0%

Q. 사례의 경우에는 개인에게 증여하는 것이 좋을까? 아니면 법인에게 증여하는 것이 좋을까?

개인한테 증여하는 것이 더 유리할 수 있다. 개인은 증여세만 내면 그뿐이기 때문이다. 하지만 법인은 법인세 외에 주주에 대한 증여세와 배당소득세 등이 추가되므로 개인보다 더 많은 세금이 나올 가능성이 높다.

Tip 법인 증여 관련 상증세 집행기준

· 13-0-5 [법인에 사전증여한 재산과 상속세 과세가액 합산]

① 상속개시 전 10년 이내 상속인이 피상속인으로부터 재산을 증여받고, 상속개시 후 민법상 상속포기를 하는 경우에도 당해 증여받은 재산을 상속세 과세가액에 합산한다.

② 피상속인이 상속개시 전 5년 이내 영리법인에게 증여한 재산가액 및 이익은 상속인 외의 자에게 증여한 재산가액으로 상속재산에 포함된다. 동 재산가액 및 이익에 대한 상증법에 따른 증여세 산출세액 상당액은 상속세 산출세액에서 공제한다. → 법인에 사전증여한 금액에 대해서는 5년 상속합산과세제도가 적용된다.

③ 증여세 과세특례가 적용된 창업자금과 가업승계한 주식의 가액은 증여받은 날부터 상속개시일까지의 기간이 상속개시일로부터 10년 이내인지 여부와 관계없이 상속세 과세가액에 합산한다.

· 4의 2-0-2 [증여세 이중과세 방지]

① 동일한 증여이익에 대하여 수증자에게 소득세법 또는 법인세법에 따라 소득세 또는 법인세가 부과되거나, 소득세 또는 법인세가 소득세법, 법인세법 또는 다른 법률에 따라 비과세·감면되는 경우에는 증여세를 부과하지 않는다.

② 영리법인이 증여받은 재산 또는 이익에 대하여 법인세법에 따른 법인세가 부과되는 경우 해당 법인의 주주 등에 대해서는 제45조의 3부터 제45조의 5(특수관계법인, 특정법인 등을 통한 증여)까지의 규정에 따른 경우를 제외하고는 증여세를 부과하지 않는다.

· 35-26-4 [법인과 저가양수·고가 양도 증여세 과세 여부]

법인이 소유자산을 특수관계인에게 시가에 미달하게 양도하거나 특수관계인으로부터 시가를 초과하는 가액으로 양수함에 따라 부당행위계산 부인 규정이 적용되는 경우 그 이익을 분여 받은 개인에 대하여 다음과 같이 과세된다.

적용대상 부당행위 계산유형	① 자산을 시가보다 높은 가액으로 매입 또는 현물출자받았거나 그 자산을 과대 상각한 경우 ② 무수익 자산을 매입 또는 현물출자받았거나 그 자산에 대한 비용을 부담한 경우 ③ 자산을 무상 또는 시가보다 낮은 가액으로 양도 또는 현물출자한 경우
소득처분	상여·배당 등
과세방법	소득세 과세

제 8 장

셀프 증여세 신고하는 방법

01

일반증여 절차는?

지금까지 증여와 관련된 다양한 세무상 쟁점들을 살펴보았다. 이하에서는 증여절차에 대해 알아보자. 먼저 일반증여에 대한 업무 플로우는 우측과 같다.

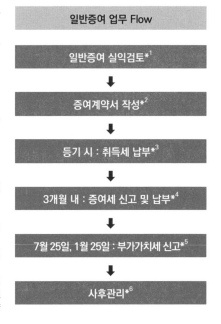

일반증여 업무 Flow

일반증여 실익검토*[1]

↓

증여계약서 작성*[2]

↓

등기 시 : 취득세 납부*[3]

↓

3개월 내 : 증여세 신고 및 납부*[4]

↓

7월 25일, 1월 25일 : 부가가치세 신고*[5]

↓

사후관리*[6]

*[1] **실익검토** : 일반증여할 것인지, 또는 매매를 할 것인지 등을 검토한다.

*[2] **증여계약서 작성** : 뒤의 샘플처럼 작성을 한다.

*[3] **취득세** : 무상취득에 따른 취득세를 부담하게 된다.

*[4] **증여세 신고 및 납부** : 증여일이 속한 달의 말일로부터 3개월의 신고 및 납부기한이 주어진다.

*[5] **부가가치세 신고** : 상가나 빌딩 등을 증여하면 사업의 양도로 보아 부가가치세가 과세될 수 있다. 물론 포괄양수도계약에 해당하면 이를 생략할 수 있다.

*[6] **사후관리** : 신고 후 6개월 내 신고한 서류에 오류가 탈루 등이 있었는지 조사를 하게 된다.

1. 일반증여 실익 검토

증여를 하기 전에 증여에 대한 실익 검토를 한다. 실익이 없으면 증여를 아예 하지 않는 것이 상책이다. 앞의 본문을 참조하기 바란다.

2. 증여계약서 작성

증여는 다음과 같은 증여계약서를 작성한다.

증여계약서(샘플)

김증여(갑)와 김수증(을)은 다음과 같이 증여계약을 체결한다.

제1조 목적

제2조 증여물건

서울시 강동구 ○○동 ××번지에 소재한 주택(면적 등 기재)

제3조 제세공과금의 부담자

이 증여로 인해 발생하는 세금은 수증자가 부담하기로 한다.

20○○년 ○○월 ○○일

갑 : 김증여

을 : 김수증

☞ 증여계약서는 등기를 위해서 또는 증여세 신고(증여일자 등 확인)를 위해 필요하다.

참고로 증여계약서상에 증여가액 표시를 하지 않으면 시가표준액으로 취득세를 내면 된다. 다만, 2023년 이후부터는 신고가액 표시를 하지 않으면 조사를 거쳐 시가로 과세될 가능성이 높다.

3. 등기 시 취득세 납부

관할 등기소에 등기 관련 서류를 첨부해 제출한다.[31)] 등기는 수증자가 직접 할 수 있다. 이때 취득세 영수증을 첨부한다.

※ 등기절차

절차	내용
등기원인 사유발생	· 매매, 상속, 증여, 임대차, 지상권 설정, 근저당권 설정, 가등기 등
▼	
필요서류 작성 및 신청서 작성	· 등기신청서 양식(대법원인터넷등기소 사이트) **※ 등기신청 시 필요서류** · 등기신청서 · 등기원인을 증명하는 서류(매매계약서 등) · 등기의무자의 권리에 관한 등기필증 또는 확인서 · 당사자(등기권리자인 매수인과 등기의무자인 매도인)들의 인감증명서 · 토지 또는 건축물대장등본 · 취득세 영수필 확인서 및 통지서 · 국민주택채권 매입증 · 위임장(대리인 신청 시) · 주민등록등본 등
▼	
등기소 방문 및 수입증지 첩부	· 필요서류를 구비해 관할등기소 방문 · 대법원 등기수입증지 구입(주변 은행 등) 및 첩용

---

31) 등기기한은 별도로 정해진 것이 없다.

4. 증여세 신고 및 납부

수증인의 주소지 관할 세무서에 증여일이 속한 달의 말일로부터 3개월 내 증여세 신고 및 납부를 한다. 이때 납부방법은 다음 중 하나를 선택할 수 있다. 참고로 수증자가 자녀인 경우로서 소득이 없으면 증여세를 부모가 대납하는 경우 대납한 금액도 증여에 해당하므로 이를 포함해 증여세를 계산해야 한다. 특히 수증자가 미성년자인 경우 이에 대해 사후검증이 발생한 경우가 많음에 유의해야 한다.

· 일시납
· 분납 : 2회(1회는 신고 시에, 2회는 2개월 내)
· 연부연납 : 6회(상속은 2022년부터 11회)

※ 상증세 집행기준 71-67-1 [연부연납]

구분	내용
요건	· 상속세 또는 증여세의 납부세액이 2천만 원을 초과 · 상속세 또는 증여세 과세표준신고기한(수정신고 및 기한 후 신고 포함)이나 결정통지에 의한 납세고지서상의 납부기한까지 연부연납신청서를 제출 · 납세담보 제공
신청	· 상속인 전부가 신청. 다만 부득이한 사유로 상속인 전부가 신청이 어려운 경우 일부 상속인이 자기분에 한해 신청 가능
신청 기한	· 다음의 기한까지 연부연납신청서를 제출 - 상속세 또는 증여세과세표준신고 시 : 상속세 또는 증여세 과세표준 신고기한 - 기한 후 신고 시 제출 가능 - 과세표준 및 세액의 결정통지를 받은 경우 : 해당 납세고지서의 납부기한 - 증여세 연대납부의무자가 납부통지서를 받은 경우 : 납부통지서상의 납부기한

허가 및 통지	· 다음의 기한까지 허가 여부를 통지 - 상속세 또는 증여세 과세표준신고 시 연부연납을 신청한 경우 : 상속세는 신고기한부터 9개월 이내, 증여세는 신고기한부터 6개월 이내 - 수정신고 또는 기한 후 신고 시 연부연납을 신청한 경우 : 상속세는 신고일이 속하는 달의 말일부터 9개월 이내, 증여세는 신고일이 속하는 달의 말일부터 6개월 이내 - 납세고지서 및 납부통지서의 납부기한까지 연부연납을 신청한 경우 : 그 납부기한 경과일부터 14일 이내 · 허가통지기한까지 허가 여부에 대한 서면을 발송하지 아니한 경우에는 허가를 한 것으로 본다.
허가의 취소	· 납세지관할 세무서장은 연부연납을 허가 후 다음 중 하나에 해당하게 된 경우에는 허가를 취소, 변경하고 연부연납에 관계되는 세액을 일시에 징수 가능 ① 연부연납세액을 지정된 납부기한까지 납부하지 않은 경우 ② 담보의 변경 등 필요한 관할세무서장의 명령에 따르지 않은 경우 ③ 납기 전 징수 사유에 해당되어 연부연납기한까지 연부연납에 관계되는 세액을 전액 징수할 수 없다고 인정되는 경우 ④ 가업상속재산의 경우 사업의 폐지(가업용 자산의 50% 이상 처분 포함), 상속인이 대표이사 등으로 미종사 하거나 1년 이상 휴업, 상속인이 최대주주에 해당하지 않는 경우 ⑤ 유아교육법에 따른 사립유치원에 직접 사용하는 재산을 해당 사업에 직접 사용하지 아니하는 경우
취소방법	· 다음 중 하나의 방법에 따라 취소 또는 변경 ① 연부연납 허가일부터 5년 이내 가업상속공제금액 추징사유에 해당하면 허가일부터 5년에 미달하는 잔여기간에 한해 연부연납을 변경해 허가 ② 그 밖의 경우는 허가를 취소하고 연부연납에 관계되는 세액을 일시에 징수 · 연부연납의 허가를 취소한 경우 납세의무자에게 그 뜻을 통지

5. 부가가치세 신고

상가 등을 증여함에 따라 발생하는 부가가치세는 다음과 같이 신고해야 한다. 참고로 부동산 증여 시에도 부가가치세가 발생한다는 사실을 잘 모르는 경우가 많아 낭패를 당하는 경우가 많다. 주의하기 바란다.

1) 증여자

포괄양수도계약이 아닌 경우에는 세금계산서를 발행해야 하고, 포괄양수도계약인 경우에는 이를 발행하지 않아도 한다. 전자의 경우에는 수증자로부터 부가가치세를 징수해 폐업일이 속한 달의 다음 달 25일까지 부가가치세를 신고 및 납부해야 한다.

2) 수증자

포괄양수도계약[32]이 성립하면 부가가치세가 발생하지 않으나 그렇지 않으면 부가가치세가 발생한다. 만일 후자에 의해 세금계산서를 교부받으면 일반과세자로 사업자등록을 한 후 환급신청을 한다. 환급신청은 매월, 2개월, 3개월 등의 단위로 신청할 수 있다.

6. 사후관리

증여세 신고 후 6개월 내 관할 세무서에서 신고내용을 최종 확정하게 된다. 이 과정에서 다양한 세무상 쟁점(증여재산가액 경정 등)들이 발생할 수 있다.

---

32) 사업에 관한 모든 권리와 의무가 그대로 사업양수자에게 이전되는 계약을 말한다.

※ 상증세 집행기준 76-0-1 [결정·경정]

구분	과세표준과 세액의 결정
원칙	상속세·증여세의 과세표준 신고에 따라 세무서장 또는 지방국세청장이 결정
조사결정	무신고나 신고내용에 오류·탈루가 있는 경우는 세무서장 등이 과세표준과 세액을 조사해 결정
신고기한 전 결정사유	· 국세의 체납으로 체납처분을 받을 때 · 지방세 또는 공과금의 체납으로 체납처분을 받을 때 · 강제집행을 받을 때 · 어음법 및 수표법에 의한 어음교환소에서 거래정지처분을 받은 때 · 경매가 개시된 때 · 법인이 해산한 때 · 국세를 포탈하고자 하는 행위가 있다고 인정되는 때 · 납세관리인을 정하지 아니하고 국내 주소 또는 거소를 두지 아니하게 된 때

Tip 실전 증여세 신고하기

증여세는 국세청 홈택스 홈페이지에서 스스로 신고할 수 있다. 다만, 이 홈페이지를 이용하기 위해서는 공인인증서 등이 있어야 한다.

02

부담부증여 절차는?

다음으로 부채를 포함한 상태에서 증여하는 부담부증여에 대한 절차에 대해 알아보자. 참고로 부담부증여는 앞에서 본 일반증여와 절차면에서는 대동소이하다. 먼저 부담부증여에 대한 업무 플로우는 우측과 같다.

부담부증여 업무 Flow

부담부증여 실익검토*[1]

⬇

부담부증여계약서 작성*[2]

⬇

등기 시 : 취득세 납부*[3]

⬇

3개월 내 : 양도세 및 증여세 신고, 납부*[4]

⬇

7월 25일, 1월 25일 : 부가가치세 신고*[5]

⬇

사후관리*[6]

*1 **부담부증여 실익검토** : 부담부증여할 것인지, 순수증여할 것인지, 또는 매매를 할 것인지 등을 검토한다.

*2 **증여계약서 작성** : 우측의 샘플처럼 작성을 한다. 이때 금융기관으로부터 부채 잔고 증명서를 발급받아 부채를 확인해야 한다.

*3 **취득세** : 유상취득분(부채)과 무상취득분(증여)으로 나눠 취득세를 부담하게 된다.

*4 **양도세 및 증여세 신고 및 납부** : 일반적으로 양도세는 2개월 내 예정신고하나 부담부증여에서 양도세는 증여세와 동일하게 3개월의 신고 및 납부기한이 주어진다.

*5 **부가가치세 신고** : 상가나 빌딩 등을 증여하면 사업의 양도로 보아 부가가치세가 과세될 수 있다. 물론 포괄양수도계약에 해당하면 이를 생략할 수 있다.

*6 **사후관리** : 사후적으로 부채를 누가 갚았는지에 대한 세무조사가 진행될 수 있으므로 부채 상환 시 이 부분에 관심을 두도록 한다.

1. 부담부증여 실익 검토

부담부증여는 양도와 증여가 결합된 거래에 해당하므로 이를 진행하기 전에 타당성 검토를 정확히 할 필요가 있다. 특히 부담부증여가 성립하는지 부채의 성격 등을 제대로 파악해야 한다.

2. 부담부증여계약서 작성

부담부증여계약서는 다음과 같은 형식으로 작성한다.

(부담부)부동산 증여계약서

증여자 홍길동(이하 '갑'이라고 한다)과 수증자 강감찬(이하 '을'이라 한다)은 아래 표시의 부동산(이하 '표시 부동산'이라고 한다)에 관해 다음과 같이 증여계약을 체결한다.

[부동산의 표시]

1. 서울 ○○구 ○○동○○번지 건물 ○○㎡

제1조 (목적) 갑은 갑 소유 표시 부동산을 이하에서 정하는 약정에 따라 을에게 증여하고, 을은 이를 승낙한다.

제2조 (증여시기) 갑은 을에게 20○○년 ○○월 ○○일까지 표시 부동산의 소유권이전등기와 동시에 인도를 한다.

제3조 (부담부분) 을은 표시 부동산의 증여를 받는 부담으로 증여자의 ○○은행에 대한 다음 채무를 인수한다.

① 일반 대출액 총 ○억 원 중 잔액 ○억 원에 대한 원금 및 이자채무

제4조 (계약의 해제) 을이 다음 각 호에 해당할 경우, 갑은 이 계약을 해제할 수 있다.

1. 이 계약서에 의한 채무를 이행하지 아니한 때
2. 갑 또는 그 배우자나 직계혈족에 대한 범죄 및 반인륜적 행위를 한 때

3. 생계유지에 지장을 줄 만한 도박, 음주 등에 의해 재산을 낭비할 염려가 있는 때

제5조 (계약의 해제 후 조치) 제4조에 의한 이 계약의 해제가 되었을 경우, 을은 갑에 대해 지체 없이 표시 부동산의 소유권이전등기와 동시에 인도를 해야 한다.

이 경우 계약해제일까지 을이 지출한 대출상환금은 그때까지 표시 부동산을 사용, 수익한 대가와 상계된 것으로 한다.

제6조 (비용 및 제세공과금의 부담) 표시 부동산의 소유권이전과 관련한 제반 비용 및 조세 공과금 등은 을이 부담한다.

제7조 (담보책임) 표시 부동산의 증여는 제2조에 의한 등기 및 인도일의 상태를 대상으로 하며, 갑은 표시 부동산의 멸실, 훼손에 대해 책임을 지지 아니한다.

이 계약을 증명하기 위해 계약서 2통을 작성해 갑과 을이 서명·날인한 후 각각 1통씩 보관한다.

20○○년 ○○월 ○○일

증여자	주소					
	성명	홍길동	주민등록번호		전화번호	
수증자	주소					
	성명	강감찬	주민등록번호		전화번호	

3. 등기 시 취득세 납부

취득세의 경우 무상취득세와 유상취득세로 나눠 신고·납부해야 한다.

4. 양도세 및 증여세 신고, 납부

부담부증여에 따른 양도세와 증여세는 양도일·증여일이 속하는 달의 말일로부터 3개월 내 신고한다. 일반적인 양도세는 양도일이 속하는 달의 말일로부터 2개월 내 신고 및 납부하나, 부담부증여에서 양도세는 증여세와 같은 3개월이 주어지고 있다.

5. 부가가치세 신고

앞에서 본 상가 등의 증여에 대한 증여세 과세문제가 발생할 수 있다.

6. 사후관리

부담부증여에서 발생하는 채무에 대해서는 사후관리가 발생한다. 이외의 것들은 일반증여와 같다.

03 증여를 취소하면 증여세와 취득세는 나오지 않는가?

증여를 받은 재산을 반환하는 경우에는 자칫 증여세가 추가로 과세될 수 있다. 이하에서 이에 대해 알아보자.

〈자료〉

경기도 남양주시에 거주한 최○○ 씨는 본인 소유의 농지를 2015년 5월에 자녀에게 증여등기해 이전했다. 그런데 수증자가 증여받을 의향이 없는데도 증여등기되었다고 다시 환원해 등기이전할 것을 요구해 부득이 2022년 4월, 합의에 의해서 증여계약을 해제하고 최 씨에게 부동산 소유권을 환원했다.

Q. 환원받은 부동산도 증여세 과세대상이 되는가?

세법에서는 증여한 재산을 증여세 신고기한 내 당초 증여자에게 반환하는 경우에는 처음부터 증여가 없었던 것으로 본다. 하지만 증여세 신고기한 경과 후 3개월 후에 반환하거나 재증여하는 경우에는 당초 증여와 반환·재증여 모두에 대해 과세하고 있다.

Q. 만일 환원받은 부동산에 취득원인무효가 되는 경우 그래도 증여세 과세대상이 되는가?

수증자 모르게 일방적으로 수증자 명의로 증여 등기한 경우, 즉 당초의 증여등기가 취득원인무효인 경우로서 판결에 의해 그 재산상의 권리가 말소되는 때에는 증여세를 과세하지 아니한다. 즉 증여계약이 원인무효가 되는 경우에는 증여의 효력이 소급적으로 무효가 된다. 따라서 이런 경우에는 당초 증여분과 반환분에 대해서 증여세가 부과되지 않는다.

Q. 환원받은 부동산에 대한 취득세는 환급을 받을 수 있는가?

원칙적으로 반환되는 부동산 등에 대해 취득세는 환급이 되지 않는다. 다만, 증여가 취득원인무효에 해당하는 경우에는 취득세를 반환받을 수 있다. 한편 지방세법 시행령 제20조에서는 등기 전에 취득일부터 60일 내에 제출된 계약해제신고서, 화해조서, 공정증서 등으로 계약이 해제된 사실이 입증되면 무상취득한 것으로 보지 않는다.

Tip 증여재산 반환과 증여세 과세 여부

세법은 증여 후 증여계약의 해제로 반환하는 현금과 부동산에 대해서는 다음과 같이 증여세 과세 여부를 정하고 있다(상증세 집행기준 31-0-4).

반환 또는 재증여시기		당초 증여재산에 대한 증여세 과세 여부	반환 증여재산에 대한 증여세 과세 여부
금전	금전(시기에 관계없음)	과세	과세
금전외	증여세 신고기한 이내 (증여받은 날이 속하는 달의 말일부터 3개월 이내)	과세 제외	과세제외
금전외	신고기한 경과 후 3개월 이내 (증여받은 날이 속하는 달의 말일부터 6개월 이내)	과세	과세제외
금전외	신고기한 경과 후 3개월 후 (증여받은 날이 속하는 달의 말일부터 6개월 후)	과세	과세
	증여재산 반환 전 증여세가 결정된 경우	과세	과세

☞ 금전의 경우 금전거래가 되었다고 무조건 증여세가 과세되는 것은 아니다. 실질이 증여인지, 아닌지의 판단이 중요하다.

04

증여세 신고 후에 신고가액이 바뀌는 경우가 있다고 하는데?

증여세 신고 후에 신고가액이 바뀌는 경우가 있다. 물론 신고가액이 증가되는 경우도 있고, 하락하는 경우도 있다. 이때 신고가액이 증가되면 본세와 가산세가 나올 수 있고, 하락한 경우에는 환급을 받을 수도 있다. 이하에서 이에 대해 알아보자.

1. 신고가액이 증가되는 경우

신고가액이 증가되는 경우에는 납세자가 신고를 잘못한 경우나 신고는 제대로 했으나 과세관청의 일방적인 법 집행에 의해 증여재산가액이 증가하는 경우가 대표적이다.

1) 기준시가로 신고한 경우

부동산을 증여하면서 기준시가로 신고하면 과세관청은 감정평가를 받아 이 금액으로 증여재산가액으로 재평가할 수 있다. 이는 다음의 예규에 기초하고 있다.

※ 상증, 기준-2021-법령해석재산-0004 [법령해석과-405], 2021. 2. 2
평가심의위원회 심의를 통해 시가에 포함할 수 있는 감정가액의 인정 범위

[요지]
상속개시일을 가격산정기준일로 하고, 감정가액평가서작성일을 평가기간이 경과한 후부터 법정결정기한 사이로 하여 2개 감정기관에서 감정평가 받은 가액을 평가심의위원회에 회부하는 경우, 평가심의위원회의 심의대상에 해당함.

[회신]
귀 과세기준자문 신청의 경우, '기획재정부 재산세제과-92, 2021. 1. 27'을 참고하시기 바람.

· 기획재정부 재산세제과-92, 2021. 1. 27
【질의】 납세자가 '상증법'에 따라 법정신고기한 이내 시가를 확인할 수 없어 기준시가로 신고한 이후 납세자 또는 과세관청이 상속개시일을 가격 산정기준일로 하고, 감정평가서 작성일을 평가기간이 경과한 후부터 법정결정기한 사이로 하여 2개 감정기관에서 감정평가 받은 가액을 평가심의위원회에 회부하는 경우, 평가심의위원회의 심의대상에 해당하는지 여부

(제1안) 심의대상에 해당함.
(제2안) 심의대상에 해당하지 않음.
【회신】 귀 질의의 경우 제1안이 타당합니다.

2) 유사한 재산가액으로 신고한 경우

유사재산의 가액으로 신고한 경우라도 해당 금액이 변경될 수 있다. 특히 아파트에서 이러한 현상이 많이 목격되고 있다.

3) 감정평가액으로 신고한 경우

감정평가액으로 신고한 경우에는 해당 가액은 바뀌지 않는다. 다만, 감정가액이 부당하게 책정된 경우에는 다른 감정가액으로 변경될 수 있다.[33)]

Q. 상속·증여재산가액이 수정되면 가산세는 어떻게 될까?

예를 들어 신고한 상속이나 증여재산가액이 매매사례가액의 발견이나 오류 등에 의해 달라져 과세관청이 수정해 고지서를 보내는 경우 가산세는 어떻게 적용될까? 이런 경우 원칙적으로 신고를 불성실하게 했을 때 신고 불성실 가산세(10~40%)를, 그리고 납부를 적게 한 경우에는 납부지연 가산세(미납기간에 따라 일일 2.2/10,000, 2022년 인하)를 부과한다. 하지만 다음의 사유가 발생한 것에 대해서는 신고 불성실 가산세를 부과하지 않는다.

- 신고한 재산에 대한 평가가액의 적용방법 차이(예 : 기준시가로 신고했으나 매매사례가액으로 고지한 경우 등)로 미달 신고한 경우
- 신고한 재산으로서 소유권에 관한 소송 등의 사유로 인해 상속 또는 증여재산으로 확정되지 아니한 금액
- 상속공제나 증여공제의 적용착오로 미달 신고한 금액

33) 재감정기관 감정가액의 80%에 미달하는 경우가 이에 해당한다.

참고로 기준시가로 신고한 증여세 신고가액에 대해 과세관청이 감정평가를 받아 이를 기준으로 과세할 수 있음에 늘 유의해야 한다(이 경우에는 신고 및 납부 관련 가산세 모두가 면제된다).

2. 신고가액이 감소하는 경우

신고한 증여재산가액이 여러 가지 이유로 감소하는 경우도 발생할 수 있다. 이때에는 증여세를 환급받을 수 있는지 여부는 다음의 기준에 의한다.

※ 상증세 집행기준 79-81-1 [경정 등의 청구 특례]

상속세·증여세 과세표준을 신고한 자 또는 상속세·증여세 과세표준 및 세액의 결정·경정을 받은 자는 다음의 사유가 발생한 경우 상속세·증여세 과세표준 및 세액의 결정 또는 경정을 청구할 수 있다.

구분	청구기간	청구사유
상속세	사유발생일부터 6개월 이내	① 제3자와의 분쟁으로 인한 상속회복청구소송 또한 유류분반환 청구소송의 확정판결이 있어 상속개시일 현재 상속인 간에 상속재산가액이 변동된 경우 ② 상속개시 후 1년이 되는 날까지 상속재산이 수용·경매·공매되어 그 가액이 상속세과세가액보다 하락한 경우 ③ 할증평가하였으나, 상속개시 후 1년 내 주식을 일괄하여 매각함으로써 최대주주 등의 주식 등에 해당되지 아니하는 경우
증여세	사유발생일부터 3개월 이내	· 5년의 부동산 무상사용기간 중 다음의 사유로 해당 부동산을 무상으로 사용하지 않게 된 경우 - 부동산 소유자로부터 해당 부동산을 상속·증여받은 경우 - 부동산 소유자가 사망하거나 당해 토지를 양도한 경우 - 부동산 소유자가 당해 부동산을 무상으로 사용하지 않게 된 경우

<table>
<tr>
<td>증여세</td>
<td>사유발생일부터
3개월 이내</td>
<td>· 대부기간 중에 대부자로부터 금전을 상속 또는 증여받거나 다음의 사유로 금전을 무상 또는 적정할인율보다 낮은 이자율로 대부받지 아니하게 되는 경우
- 해당 금전에 대한 채권자의 지위가 이전된 경우
- 금전대출자가 사망한 경우
- 금전을 무상 또는 적정할인율보다 낮은 이자율로 대출받은 자가 해당 금전을 무상 또는 적정할인율보다 낮은 이자율로 대출받지 아니하게 되는 경우
· 무상으로 담보를 제공받아 대부받은 후 담보제공자로부터 해당 담보재산을 상속·증여받거나 다음의 사유로 무상 또는 적정이자율보다 낮은 이자율로 차입하지 않게 된 경우
- 담보제공자가 사망한 경우 및 이와 유사한 경우로 해당 재산을 담보로 사용하지 않게 된 경우</td>
</tr>
</table>

【상속세 및 증여세 사무처리규정 별지 제11-2호 서식】(2016. 7. 1. 개정)

기 관 명

수신자

제 목 **시가 불인정 감정기관 사전통지 및 의견 제출 안내**

1. 평소 국세행정에 협조해주신 데 대해 감사드립니다.

2. 납세의무자(OOO)가 제시한 귀 감정기관의 아래 감정가액을 검토한 바, 상증법 시행령 제49조 제1항 제2호 단서(감정가액이 기준금액에 미달하는 경우 등)에 해당되어 다른 감정기관에 재감정을 의뢰한 결과, 귀 감정기관의 감정가액이 재감정기관의 감정가액의 100분의 80에 미달해 같은 법 제60조 제5항, 같은 법 시행령 제49조 제6항과 제7항에 따라 시가불인정 감정기관 요건에 해당되어 시가불인정 감정기관 지정 시 귀 감정기관이 평가하는 감정가액은 향후 1년의 범위 내서 정하는 기간 동안 시가로 인정되는 감정가액으로 보지 않게 됩니다.

3. 따라서 상속세 및 증여세 시행령 제49조 제8항에 따라 시가불인정 감정기관 지정 전에 귀 감정기관의 의견을 청취하고자 사전통지 하오니 이에 대한 의견이 있으면, 20○○. ○○. ○○까지 제출해주시기 바랍니다. 통지를 받은 날로부터 20일 이내 정당한 사유 없이 의견을 제출하지 아니한 경우에는 의견이 없는 것으로 봅니다.

○ **검토 결과**

<table>
<tr><td>감정한 재산</td><td colspan="4"><관련 재산의 내용(종류, 수량, 소재지 등)을 정확히 기재></td></tr>
<tr><td>감정서 번호</td><td colspan="4"></td></tr>
<tr><td>감정평가기준일</td><td colspan="4"></td></tr>
<tr><td rowspan="2">감정평가 금액(원)</td><td>① 귀 감정기관의 평가금액</td><td></td><td rowspan="2">비율
(%)</td><td rowspan="2">(①/②)</td></tr>
<tr><td>② 다른 감정기관의 평가금액 평균액</td><td></td></tr>
</table>

끝.

기 관 장 직인

위 내용과 관련해 문의 사항이 있을 때에는 담당자에게 연락하시면 친절하게 상담해 드리겠습니다.
성실납세자가 우대받는 사회를 만드는 국세청이 되겠습니다.

◆ 담당자 : OO세무서 OOO과 OOO 조사관(전화 : , 전송 :)

210㎜×297㎜(신문용지 54g/㎡)

05

증여세 신고 후 5~10년을 조심해야 하는 이유는?

증여는 특수관계인 간에 은밀히 발생할 가능성이 높아 이를 감시하는 세법상의 제도들이 상당히 많다. 예를 들어 증여 후 10년 내 상속이 발생하면 증여재산을 상속재산에 합산해 상속세를 정산해야 한다. 이외에도 다양한 규제방법 등이 있다.

1. 증여세 신고 후 6개월 이내

증여세 신고 후 6개월은 관할 세무서가 제출받은 신고한 증여세 신고내역을 확정하는 기한이다. 이 과정에서 신고서상에 오류나 탈루가 발견된 경우에는 이를 시정하는 조치를 취하게 된다. 예를 들어 증여재산가액이 기준시가로 신고되어 있는 경우 감정평가를 시켜 이 금액으로 세금을 추징하는 것 등이 그 예에 해당한다.

2. 증여세 신고 후 5년 이내

증여세 신고 후 5년 이내는 다양한 세법상의 제도들이 적용된다.

1) 상속인 외의 증여재산가액을 상속재산가액에 합산

상속인이 아닌 자가 사전에 증여받은 재산가액은 상속개시 전 소급해 5년 내의 것만 상속재산가액에 합산된다.

2) 취득가액 이월과세

증여받은 부동산을 5년 내 양도하면 취득가액 이월과세가 적용된다. 다만, 수증한 부동산이 비과세가 적용되는 경우에는 5년 전에 양도해도 이월과세가 적용되지 않는다(고가주택 포함).

3) 무상사용이익의 계산

증여세 과세대상이 되는 부동산 무상사용이익은 5년간 이익을 기준으로 계산한다.

4) 재산가치 증가에 따른 이익의 계산

상증법 제42조의 3에서는 다음과 같은 규정을 두어 재산 취득 후 5년 내 발생한 재산가치 증가에 따른 이익에 대해 증여세를 부과할 수 있도록 하고 있다.

> ① 직업, 연령, 소득 및 재산상태로 보아 자력(自力)으로 해당 행위를 할 수 없다고 인정되는 자가 다음 각 호의 사유로 재산을 취득하고 그 재산을 취득한 날부터

5년 이내 개발사업의 시행, 형질변경, 공유물(共有物) 분할, 사업의 인가·허가 등 대통령령으로 정하는 사유(이하 이 조에서 '재산가치증가사유'라 한다)로 인하여 이익을 얻은 경우에는 그 이익에 상당하는 금액을 그 이익을 얻은 자의 증여재산가액으로 한다. 다만, 그 이익에 상당하는 금액이 대통령령으로 정하는 기준금액 미만인 경우는 제외한다(2015. 12. 15 신설).

1. 특수관계인으로부터 재산을 증여받은 경우
2. 특수관계인으로부터 기업의 경영 등에 관하여 공표되지 아니한 내부 정보를 제공받아 그 정보와 관련된 재산을 유상으로 취득한 경우
3. 특수관계인으로부터 차입한 자금 또는 특수관계인의 재산을 담보로 차입한 자금으로 재산을 취득한 경우

3. 증여세 신고 후 10년 이내

증여세 신고 후 10년 이내도 다양한 세법상의 제도들이 적용된다.

1) 상속세 합산과세

상속인이 10년 이내 증여받은 재산가액은 상속재산가액에 합산된다. 상속인 외의 자보다는 5년이 더 연장된다.

2) 증여세 합산과세

동일인으로부터 증여를 수회 받은 경우 최종 증여일로부터 10년 이내의 증여분을 합산해 증여세를 부과한다.

3) 국세부과 제척기간

증여세를 무신고하면 15년, 과소신고하면 10년간의 국세부과 제척기간(국세를 부과할 수 있는 기간)이 적용된다.

세목	원칙	특례
상속·증여세	- 15년간(탈세·무신고·허위신고 등) - 10년간(이외의 사유)	· 상속 또는 증여가 있음을 안 날로부터 1년(탈세로서 제3자 명의보유 등으로 은닉재산이 50억 원 초과 시 적용) · 조세쟁송에 대한 결정 또는 판결이 있는 경우, 그 결정(또는 판결)이 확정된 날로부터 1년이 경과하기 전까지는 세금부과가 가능함.
이외의 세목	- 10년간(탈세) - 7년간(무신고) - 5년간(이외의 사유)	

| 심층분석 | 증여세 절세법 요약

증여세를 절약하기 위해서는 다음과 같은 내용들을 생각해볼 필요가 있다. 구체적인 것은 저자 등과 상의하기 바란다.

1. 10년 단위로 증여를 하라

증여는 10년간 재산가액을 합산해 과세하고 증여공제를 적용한다. 따라서 10년 단위로 증여를 하게 되면 세금을 줄일 수 있다.

2. 저평가된 자산을 먼저 증여하라

당장의 증여세를 낮추기 위해서는 저평가된 자산을 먼저 증여하는 것이 좋다. 예를 들어 현금보다는 시세가 떨어진 펀드 그리고 상가나 토지 등을 아파트 같이 시세를 알 수 있는 물건보다 먼저 증여하는 것이 좋다. 다만, 최근 상가나 토지 등에 대해 기준시가로 증여세나 상속세를 신고하면 과세관청에서 감정평가를 시켜 이의 금액으로 증여세 등을 과세할 수 있음에 유의해야 한다.

3. 공제금액 이하에서 증여하라

배우자로부터 증여를 받으면 6억 원, 성년자가 직계존비속으로부터 증여를 받으면 5천만 원, 미성년자는 2천만 원을 공제받는다. 따라서 이 금액 이하로 증여하면 증여세가 없고 추후 취득자금의 원천으로도 사용할 수 있다. 다만, 증여는 10년 단위로 해야 하므로 가급적 빨리 증여활동을 시작한다.

4. 자녀의 능력에 따라 증여하라

자녀가 소득능력이 없으면 자금출처조사문제를 항상 걱정해야 한다. 하지만 소득능력이 있는 경우에는 자금동원능력이 있으므로 자금출처조사문제를 어느 정도 비켜나갈 수 있다. 따라서 소득능력이 없는 미성년자는 소규모로 자산취득행위를 하고 미리 자금출처조사 대비를 해두는 것이 좋다.

5. 금융자산 증여는 증거를 남겨두라

금융자산의 경우 증여인지, 아닌지를 구별하기가 상당히 난해하다. 자산의 이동에 제약이 없기 때문이다. 이런 이유로 자금을 단순히 보관한 것인지, 이를 증여한 것인지, 또는 차명거래인지 등의 사실판단 문제가 복잡하다. 만일 증여임을 확인하고자 하는 경우에는 증여계약서를 작성해둔다면 증여로 볼 가능성이 높다. 만일 증여에 대한 입증력을 더 높여두려면 계약서를 공증 받아두는 것이 좋을 것이다. 그리고 관할 세무서에 증여세 신고를 해두면 이것으로 상황이 종료된다.

6. 증여취소는 3개월 내 하라

증여 후에 자산을 다시 반환받은 경우에는 반환된 자산에 대해서도 증여세가 부과될 수 있다. 하지만 금전 외 자산은 증여일로부터 3개월 내 반환을 받으면 당초 증여로 받은 자산과 반환받은 자산에 대해서는 증여세를 부과하지 않는다. 하지만 3개월 이후부터 6개월 사이에 반환하면 당초 증여분에 대해서는 증여세를 부과하나 반환분에는 부과하지 않는다. 하지만 6개월이 지난 다음에는 당초 및 반환되는 자산에 대해 증여세가 각각 부과되므로 주의할 필요가 있다.

7. 공시지가나 기준시가 발표 전에 증여하라

증여재산가액은 원칙적으로 시가로 평가하는 것이 원칙이다. 하지만 시가를 알기가 힘든 연립주택이나 단독주택, 그리고 토지나 상가 같은 부동산은 기준시가로 신고하는 것이 일반적이다. 따라서 이러한 자산은 매년 기준시가 등이 발표되기 전에 신고할 수 있다. 물론 기준시가 등이 낮아질 것으로 보이면 기다렸다가 새로운 기준시가 등으로 신고할 수도 있다. 개별공시지가는 매년 5월 말일까지 상가 등의 부동산은 부동산 시장 변동에 따라 탄력적으로 고시(주택은 4월 말일)되고 있다.

→ 단, 2022년 4월 현재, 기준시가로 부동산을 상속세나 증여세를 신고하면 과세관청에서 이를 감정평가를 받아 이 금액으로 상속세 등이 결정될 수 있음에 유의해야 한다.

8. 매매사례가액을 활용하라

배우자 간에 증여할 때에는 6억 원까지는 증여세가 없다. 따라서 부동산을 증여받을 때에는 기준시가보다는 감정가액이나 매매사례가액으로 신고를 해두는 것이 나중에 양도할 때 양도차익을 줄일 수 있어 좋다. 매매사례가액은 국세청 홈택스 사이트나 국토교통부 홈페이지에서 조회할 수 있다.

9. 자녀에게 증여하려면 실익분석이 먼저다

자녀에게 증여할 때에는 왜 증여를 하는지에 대한 검토가 되어야 한다. 따라서 증여효과가 충분히 나는지를 먼저 살펴보자. 자녀에게 증여를 하는 경우에는 부담부증여를 활용하면 세금이 일정부분 줄어든다.

10. 부동산을 증여받으면 5년을 보유하라

부동산을 증여받고 5년이 되기 전에 이를 매도하면 증여의 효과가 박탈된다. 5년 내 양도하면 세법은 세금회피성이 있다고 보아 이월과세제도를 적용하거나 소득세법상 부당행위계산부인제도를 적용한다. 앞의 제도는 증여받은 자산을 양도할 때 취득가액을 증여자의 것으로 하는 제도를 말하고, 뒤의 것은 증여자가 직접 제3자에게 양도한 것으로 보아 세금을 재정산하는 제도를 말한다. 다만, 비과세를 받을 수 있다면 이때에는 5년을 보유하지 않아도 된다.

11. 양도차익이 많이 발생한 부동산은 배우자에게 증여하라

양도차익이 많은 자산은 배우자에게 증여하면 취득가액을 높여 향후 양도세를 줄일 수 있다. 하지만 양도는 5년 후에 해야 소기의 목적을 달성할 수 있다. 만일 현재 보유한 자산을 증여하고자 하는 경우에는 증여재산가액이 6억 원까지는 증여세는 없지만, 취득세 등이 기준시가의 4%(2주택 이상 보유자의 증여는 12%도 가능) 정도 나옴에 유의하자.

12. 위자료보다는 재산분할을 하라

이혼을 할 때 재산분배는 재산분할로 하는 것이 세금이 없다. 위자료로 주는 경우에는 분배자에게 증여세가 나온다. 한편 이혼 전에 배우자로부터 증여를 받은 자산은 그로부터 5년이 지나서 팔아야 앞에서 본 이월과세 규정을 적용받지 않는다. 깜빡할 수 있는 내용이므로 기억해두는 것이 좋다.

13. 부부공동등기가 대세다. 처음부터 공동등기를 하라

단독등기를 공동명의로 바꾸면 증여세는 나오지 않을 수 있지만, 취득세 등이 기준시가의 4%(2주택 이상 자는 12%도 가능) 선에서 나온다. 따라서 부부공동등기는 처음부터 하는 것이 좋다는 결론이 나온다.

14. 가족 간 소비대차거래는 인정되지 않을 수 있다

가족 간에 돈을 주고받는 경우 자칫 증여로 보일 수 있다. 하지만 실제는 차입거래라면 이를 증명할 수 있는 문서를 작성해 보관해두는 것이 좋다. 가족 간에는 2억 원 정도까지는 무상대여를 하더라도 문제가 없다. 하지만 그 이상을 넘어서면 원칙적으로 4.6%의 이자를 주고받아야 문제가 없다. 그리고 이렇게 지급된 이자금액의 27.5%만큼을 원천징수해서 정부에 납부해야 한다.

15. 부채상환 시에도 자금출처조사에 대비하라

세무서에서는 상속·증여세를 결정하거나 재산취득자금의 출처를 확인하는 과정에서 인정한 부채를 국세청 컴퓨터에 입력해 관리한다. 그리고 금융기관 등으로부터 부채변제내용을 받아 이를 조회해서 부채를 변제한 경우 이의 출처를 소명하라는 안내문을 발송한다. 따라서 부담부증여를 받은 후에 부채변제 시에는 반드시 자금출처조사를 받게 된다는 점에 유의해 대비를 철저히 해야 한다.

16. 고령자가 거액의 재산을 처분한 경우에는 자금의 사용처에 대한 증빙을 갖추어라

국세청에서는 '과세자료의 제출 및 관리에 관한 법률'을 제정해 시행하고 있다. 이 법률에 따라 과세자료를 직접 수집해 관리하고 있는데 그중에는 고령인 자가 일정 규모 이상의 재산을 처분하거나 수용으로 보상금을 받은 경우 일정 기간 본인 및 배우자나 직계비속 등의 재산 변동을 추적하고 있다. 사후관리 결과 특별한 사유 없이 재산이 감소한 경우에는 재산처분 대금의 사용처를 소명하라는 안내문을 보내오며, 보상금을 받고 난 후 배우자 등의 재산이 늘어난 경우 이의 자금출처를 소명하라는 안내문을 보내온다. 이 안내문은 통상 재산을 처분하거나 보상금을 수령한 날로부터 2~3년 뒤에 나오는 것이 일반적이므로 사용처를 잘 정리해두는 것이 나중을 위해 좋다.

17. 8년 자경농지는 증여보다는 상속으로 이전하라

8년 자경농지는 증여보다는 상속으로 이전하는 것이 좋다. 왜냐하면 상속으로 농지를 증여받으면 자경기간도 승계되기 때문이다. 이렇게 자경기간을 승계받으면 상속농지를 양도하면 양도세 감면을 받을 수 있다. 하지만 증여를 받으면 증여 전의 자경기간은 소멸된다. 따라서 시골에 연고가 있는 독자들은 8년 이상 재촌·자경한 농지를 이전받을 때에는 가급적 상속으로 받기를 권한다.

18. 가족 간의 매매는 증거를 남겨라

가족 간에 매매를 하면 세법은 일단 증여추정을 한다. 돈의 흐름이 명확히 밝혀지지 않으면 매매가 아닌 증여로 보아 증여세가 부과될 수 있다. 따라서 가족 간의 거래는 매매임을 입증할 수 있도록 자금

흐름을 투명하게 해야 한다. 한편 거래금액은 시가의 80% 선에서 하는 것이 좋다.

19. 세대 생략 증여의 실익을 분석하라

할아버지가 손·자녀에게 증여하면 30%가 할증 과세된다. 따라서 일반적으로 세대생략 증여가 불리하다고 할 수 있다. 하지만 세대생략 증여가 반드시 나쁜 것은 아니다. 손·자녀의 아버지가 할아버지로부터 증여를 많이 받아 적용세율이 높은 경우에는 대를 이어서 증여를 받는 것보다 바로 손·자녀에게 증여하는 것이 전체적으로 세금 측면에서 유리할 수 있다.

20. 가산세를 내지 마라

증여세 신고를 제날짜에 하지 않으면 신고 불성실 가산세를 최고 40%까지 부과한다. 그리고 납부 불성실 가산세도 하루 2.5/10,000(2022년은 인하 예정)로 내야 한다. 따라서 신고 및 납부를 제대로 하는 것도 절세를 위해 바람직하다.

부록

증여재산평가 관련 실무지침

부록

증여재산평가 관련 실무지침

증여세 신고와 관련해 가장 중요한 것 중의 하나가 바로 증여재산가액의 평가와 관련된 것이다. 평가를 어떤 식으로 하는지에 따라 세금의 크기가 달라지기 때문이다. 이하는 증여재산가액 평가와 관련된 과세관청의 집행기준을 통해 이와 관련된 다양한 이슈들을 점검해보자. 물론 부족한 부분이 있다면 저자의 다른 책들을 참조하기 바란다.

· 상증세 집행기준 60-0-1 [재산평가의 원칙]

상속세나 증여세가 부과되는 재산의 가액은 평가기준일 현재의 시가에 의하여 평가하고, 시가를 산정하기 어려운 경우에는 재산별로 보충적 평가방법*에 의하여 평가한다.

* 기준시가 등을 말한다.

→ 증여세(상속세)는 증여일 당시의 시가를 기준으로 과세하는 것이 원칙이다.

· **60-49-1 [평가기준일]**

상속세나 증여세가 부과되는 재산의 가액을 결정하는 기준시점으로 상속재산은 상속개시일, 증여재산은 증여일을 평가기준일로 하며, 상속재산의 경우 유형에 따라 다음과 같이 평가기준일이 구분된다.

구분	평가기준일
· 상속재산	상속개시일
· 상속개시일 전 처분재산	재산 처분일
· 사전증여재산	각 증여일

→ 사전증여재산의 경우 각 증여일이 평가기준일이 되므로 이때 정해진 시가를 상속재산 등에 합산하게 된다.

· **60-49-3 [평가기간]**

① 평가기간은 상속재산의 경우 평가기준일 전후 6개월이며, 증여재산의 경우에는 평가기준일 전 6개월부터 평가기준일 후 3개월까지다.

② 매매·감정 등의 가액이 평가기간 이내 해당하는지 여부는 다음의 날을 기준으로 판단한다.

가. 매매의 경우 : 매매계약일

나. 감정평가의 경우 : 가격산정기준일과 감정가액평가서 작성일

다. 경매·공매·수용의 경우 : 경매가액·공매가액·보상가액이 결정된 날

→ 증여재산가액은 증여일 당시의 시가로 과세해야 하나, 이때 시가를 알기가 대단히 힘들다. 그래서 부득이 일정한 기간(평가기간)을 두어 이 기간 내 시가가 발견되면 이를 시가로 보는 제도를 채택하고 있다. 이때 매매의 경우에는 매매계약일이 평가기간 내 있어야 하며, 감정의 경우 가격산정기준일과 감정가액평가서 작성일이 이 기간 내 있어야 한다.

· **60-49-2 [시가의 의의]**

① 시가는 불특정 다수인 사이에 자유롭게 거래가 이루어지는 경우에 통상적으로 성립된다고 인정되는 가액을 말하며, 평가기간 중 매매·감정·수용·경매·공매가액이 확인된 경우 이를 시가로 본다.

② 평가기준일 전 2년 이내 매매·감정·경매 등이 있는 경우 평가기준일과 매매계약일 등에 해당하는 날까지의 기간 중에 가격변동의 특별한 사정이 없다고 보아 상속세 또는 증여세 납세자, 지방국세청장 또는 관할세무서장이 신청하는 때에는 평가심의위원회의 심의를 거쳐 시가에 포함시킬 수 있다.

→ 평가기준일 전 2년 이내 해당 재산이나 유사한 재산의 매매가액 등이 있는 경우 평가심의위원회의 심의를 거쳐 신고한 재산가액이 경정될 수 있음에 유의해야 한다. 참고로 여기서 중요한 것은 '가격변동의 특별한 사정이 없어야' 한다는 것이다. 한편 최근에 상속세 및 증여세법 시행령 제49조 제1항이 개정되어 평가기간이 경과한 후부터 증여세 결정기한(신고기한 후 6개월)까지의 기간 중에 매매 등이 있는 경우에도 납세자, 지방국세청장 또는 관할세무서장이 신청하는 때에는 제49조의 2 제1항에 따른 평가심의위원회의 심의를 거쳐 해당 매매 등의 가액을 시가에 포함시킬 수 있게 되었다.

③ 시가로 보는 가액이 2 이상인 경우에는 평가기준일을 전후해 가장 가까운 날에 해당하는 가액에 의한다.

→ 시가로 보는 가액이 2 이상인 경우에는 평가기준일을 전후해 가장 가까운 날에 해당하는 가액을 시가로 본다. 그런데 최근 공동주택인 아파트에 대해서는 평가대상 아파트와 유사한 재산(아파트)[34]이 많은 경우 기준시가의 차이가 가장 작은 것을 우선적으로 적용한다.

---

34) 유사한 재산이란 해당 재산과 면적·위치·용도·종목 및 기준시가가 동일하거나 유사한 다른 재산을 말하며, 다음 각 호의 구분에 따른 재산을 말한다(상증측 제15조 제3항, 2017. 3. 10 신설).

1. '부동산 가격공시에 관한 법률'에 따른 공동주택가격(새로운 공동주택가격이 고시되기 전에는 직전의 공동주택가격을 말한다. 이하 이 항에서 같다)이 있는 공동주택의 경우 : 다음 각 목의 요건을 모두 충족하는 주택. 다만, 해당 주택이 둘 이상인 경우에는 평가대상 주택과 공동주택가격 차이가 가장 작은 주택을 말

※ 상증, 서면-2020-상속증여-2555 [상속증여세과-671], 2020. 9. 9

[제목] 유사매매사례가액 적용 기준

[요지]

당해 재산과 동일하거나 유사한 재산의 매매가액은 시가에 포함되는 것이며, 이에 해당하는 가액이 둘 이상인 경우에는 평가기준을 전후해 가장 가까운 날에 해당하는 가액을 시가로 보는 것임.

[회신]

증여일 전 6개월부터 증여일 후 3개월까지의 기간(법정신고기한 내 증여세를 신고한 경우에는 그 신고일까지의 기간) 중에 '상증칙' 제15조 제3항 제1호의 요건을 모두 충족하는 공동주택의 가액은 시가로 인정될 수 있는 것이며, 이에 해당하는 가액이 둘 이상인 경우에는 평가기준일을 전후하여 가장 가까운 날에 해당하는 가액을 시가로 보는 것입니다.

④ 가장 가까운 날에 해당하는 가액이 둘 이상인 경우 그 평균액으로 한다(2020. 10. 28 개정).

한다(2019. 3. 20 단서신설).

가. 평가대상 주택과 동일한 공동주택단지('공동주택관리법'에 따른 공동주택단지를 말한다) 내 있을 것(2017. 3. 10 신설)

나. 평가대상 주택과 주거전용면적('주택법'에 따른 주거전용면적을 말한다)의 차이가 평가대상 주택의 주거전용면적의 100분의 5 이내일 것(2017. 3. 10 신설)

다. 평가대상 주택과 공동주택가격의 차이가 평가대상 주택의 공동주택가격의 100분의 5 이내일 것(2017. 3. 10 신설)

2. 제1호 외의 재산의 경우 : 평가대상 재산과 면적·위치·용도·종목 및 기준시가가 동일하거나 유사한 다른 재산(2017. 3. 10. 신설)

· 60-49의 2-1 [평가심의위원회의 구성]

① 매매·비상장 주식의 가액평가를 위하여 국세청과 지방국세청에 각각 평가심의위원회를 둔다.

② 납세자는 해당 상속세 과세표준 신고기한 만료 4개월 전(증여의 경우에는 증여세 과세표준 신고기한 만료 70일 전)까지 신청하여야 하고, 신청을 받은 평가심의위원회는 해당 상속세 과세표준 신고기한 만료 1개월 전(증여의 경우에는 과세표준 신고기한 만료 20일 전)까지 그 결과를 납세자에게 서면으로 통지하여야 한다.

③ 평가심의위원회가 객관적인 심의를 위하여 신용평가전문기관에 평가를 의뢰하거나 관계인의 증언을 청취할 수 있으며, 이에 따른 평가수수료를 납세자가 부담하여야 한다.

· 60-49-4 [시가로 보는 매매가격]

재산에 대한 매매사례가 있는 경우로서 그 매매계약일이 평가기간 내 있을 경우 그 거래가액은 시가로 인정된다.

· 60-49-5 [시가로 보는 감정가격]

① 감정평가서를 작성한 날이 평가기간 내 속하는 경우로서 2 이상의 공신력 있는 감정기관(기준시가 10억 원 이하 부동산의 경우 하나 이상의 감정기관)이 평가한 감정가액이 있는 경우에는 그 감정가액의 평균액은 시가로 인정된다. 단, 주식 및 출자지

분의 감정평가액은 인정되지 아니한다.

→ 당해 증여 대상 부동산에 대해 감정평가를 받으면 해당 가격이 곧 시가가 된다. 그리고 이때 감정평가 외 유사매매사례가액 등이 있더라도 감정평가액이 우선적으로 인정된다. 따라서 거래가가 널뛰기를 하는 경우 감정평가를 미리 받아 가격을 고정시켜두면 증여세나 양도세 등을 쉽게 통제할 수 있다. 참고로 감정평가를 받은 상태에서 증여하면 해당 금액이 증여재산가액이 되므로 이를 기준으로 신고를 해야 한다. 하지만 매매를 하는 경우에는 반드시 이 금액을 기준으로 거래해야 하는 것은 아니다. 매매는 거래당사자가 자유롭게 거래금액을 정할 수 있는 것이기 때문이다. 다만, 소득세법이나 상증법은 시가에 5%나 30% 미달하게 거래하면 부당행위계산부인이나 증여의제제도 등을 적용할 따름이다.

② 앞의 ①의 감정가액이 기준금액(보충적 평가방법으로 평가한 가액과 유사사례가액의 90% 가액 중 적은 금액)에 미달하거나 평가심의위원회의 심의를 거쳐 감정가액이 부적정하다고 인정되는 경우에는 세무서장 등이 다른 감정기관에 의뢰하여 감정한 가액에 의하며, 그 가액이 납세자가 제시한 감정가액보다 낮은 경우에는 앞의 ①의 감정가액으로 한다.

→ 인위적으로 감정평가액을 낮추게 되면 이러한 문제에 봉착한다.

③ 평가대상 재산이 공유물인 경우 이 재산의 타인지분에 감정가액이 있는 경우에는 이 감정가액을 공유물의 감정가액으로 볼 수 있다. 다만, 공유물이 현실적으로 각자가 별도로 관리·처분할 수 있고, 이에 대한 계약 등에 의하여 그 사실이 확인되거나 상호 명의신탁재산에 해당하여 사실상 이를 공유물로 볼 수 없는 경우에는 타인지분에 대한 감정가액을 평가대상 감정가액으로 보지 아니한다.

④ 납세자가 제시한 감정기관의 감정가액이 세무서장 등이 다른 감정기관에 의뢰하여 평가한 감정가액의 80%에 미달하는 경우 1년의 범위 내 시가불인정 감정기관으로 지정할 수 있으며, 그 기간 동안 평가한 감정가액은 시가로 보지 아니한다. 시가불인정 감정기관으로 통지를 받은 날부터 20일 이내 의견을 제출하여야 하며, 정당한 사유 없이 의견을 제출하지 아니한 경우에는 의견이 없는 것으로 본다.

→ 참고로 납세자는 평가기간 밖을 대상으로 소급해 감정평가하는 것은 인정되지 않는다. 과세관청이 소급감정할 수 있는 것과 대비된다.

· 60-49-7 [시가로 보는 유사 사례가격]

당해 재산의 시가로 보는 매매·감정·수용·경매·공매가격이 없는 경우로서 당해 재산과 면적·위치·용도·종목 및 기준시가가 동일하거나 유사한 다른 재산에 대한 매매가액·2 이상 감정가액·수용가액·경매가액·공매가액이 있는 경우에는 이 가액을 시가로 본다. 이 때 상속세 또는 증여세 과세표준을 평가기간 이내 신고한 경우 유사 사례가액은 평가기준일 전 6개월부터 평가기준일 후 6개월(증여의 경우 평가기준일 후 3개월)이내 신고일까지의 가액을 적용한다.

※ 감정평가사업 실시 관련 안내문
과세관청에서는 증여세나 상속세 신고를 할 때 기준시가로 신고된 부동산에 대해서는 감정평가를 실시해 해당 금액으로 증여세를 부과할 수 있는 제도를 마련해 운영하고 있다.[35)]

35) 307페이지 실시 안내문(붙임 자료)을 보면 과세관청의 감정평가 실시는 보충적 평가방법(기준시가)으로 신고한 증여재산이나 상속재산 중 시가와 기준시가의 차이가 많이 난 부동산에 대해서 우선적으로 적용함을 알 수 있다.

【상속세 및 증여세 사무처리규정 별지 제34호 서식】(2020. 3. . 신설)

기 관 명
감정평가 실시에 따른 협조 안내

문서번호 : 조사과 -

□ **수신자 : 김국세 귀하**

1. 항상 국세행정에 협조해주셔서 감사드립니다.

2. '상증법'에서는 상속세나 증여세가 부과되는 재산에 대해 상속개시 및 증여 당시의 시가로 평가하도록 규정하고 있습니다. 이에 국세청에서는 '20년부터 상속·증여('19. 2. 12 이후 상속·증여분) 재산의 공정한 평가를 위해 공신력 있는 감정기관에 감정평가를 의뢰해 시가에 부합하는 가액으로 상속·증여재산을 평가하고 있습니다.

3. 이와 관련해 귀하에 대한 상속·증여세 세무조사를 진행하면서 아래 상속·증여재산에 대해 감정평가를 실시하게 되었음을 안내해드립니다.

4. 아울러, 감정평가가 원활히 진행될 수 있도록 적극적인 협조를 당부드리며, 국세청도 감정평가 및 세무조사 과정에서 납세자 불편을 최소화하기 위해 노력하겠습니다.

□ **감정평가 대상 물건**

○ 건물 : 서울특별시 ○○구 ○○동 ○○번지 상가 ㎡
○ 토지 : 서울특별시 ○○구 ○○동 ○○번지 ㎡
서울특별시 ○○구 ○○동 ○○번지 ㎡

붙 임 : 감정평가 실시 안내문 1부. 끝.

년 월 일

기 관 장 (직인생략)

이 안내문에 대한 문의사항은 ○○○과 담당자 ○○○(전화 :)에게 연락하시면 친절하게 상담해 드리겠습니다.

210㎜×297㎜(신문용지 54g/㎡)

【붙임】

감정평가 실시 안내문

□ **감정평가를 실시하는 목적은?**

○ 감정평가 실시로 시가에 부합하도록 **상속·증여 재산**을 **적정하게 평가**함으로써 **과세 형평성을 제고**하는 등 **공평과세를 구현**하는 데 그 목적이 있습니다.

□ **감정평가를 실시하는 대상은?**

○ 감정평가는 상증법상 시가가 아닌 **보충적 평가방법**에 따라 신고(무신고한 경우 포함)함에 따라 **시가와의 차이가 큰 상속·증여 부동산**을 대상으로 합니다.

□ **감정평가 업무처리 절차는?**

○ 감정평가는 공신력 있는 **둘 이상의 감정기관**에 의뢰해 **세무조사 시작**과 함께 **실시**하게 됩니다. 이 경우 담당 조사공무원과 감정평가사가 **대상물건의 확인**을 위해 **현장을 조사**할 수 있습니다.

- 감정평가가 완료된 이후에는 **평가심의위원회**에서 **시가 인정 여부**를 **심의**하게 되며, 감정가액이 시가로 인정되면 **감정가액으로 상속·증여 재산을 평가**하게 됩니다.
- 세무조사가 종료되면 상속·증여세 과세표준, 예상 고지세액 등 **세무조사 결과를 문서로 작성해** 보내드립니다.

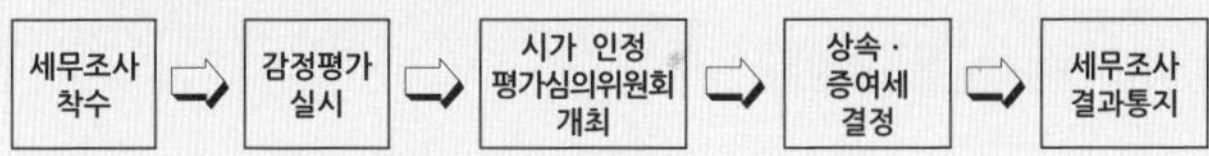

□ **감정평가에 소요되는 기간 및 비용부담은?**

○ 감정평가는 통상 **일주일 정도의 기간이 소요**되며, **감정평가에 따른 수수료** 등 일체 비용은 **국세청이 부담**하게 됩니다.

□ **감정가액으로 평가함에 따라 세금을 추가 납부하는 경우 가산세는?**

○ 과세관청이 감정평가를 의뢰하고, 평가심의위원회의 심의를 거쳐 동 감정가액으로 상속·증여재산을 평가함에 따라 추가 납부할 세액이 발생하는 경우

- 신고불성실 및 납부불성실 가산세*는 면제됩니다.

* '19.12.31. 국세기본법 개정으로 납부지연 가산세로 통합됨

신방수 세무사의

부동산 증여에 관한 모든 것

제1판 1쇄 2021년 11월 10일
제1판 2쇄 2022년 4월 29일

지은이 신방수
펴낸이 서정희 **펴낸곳** 매경출판㈜
기획제작 ㈜두드림미디어
책임편집 배성분 **디자인** 디자인 뜰채(apexmino@hanmail.net)
마케팅 김익겸, 이진희, 장하라

매경출판㈜
등 록 2003년 4월 24일(No. 2-3759)
주 소 (04557) 서울시 중구 충무로 2(필동 1가) 매일경제 별관 2층 매경출판㈜
홈페이지 www.mkbook.co.kr
전 화 02)333-3577
이메일 dodreamedia@naver.com(원고 투고 및 출판 관련 문의)
인쇄·제본 ㈜M-print 031)8071-0961

ISBN 979-11-6484-332-9 03320

책 내용에 관한 궁금증은 표지 앞날개에 있는 저자의 이메일이나
저자의 각종 SNS 연락처로 문의해주시길 바랍니다.

부동산 도서 목록

서울시 공정경제과 황박사가 알려주는
NEW
상가임대차
분쟁 솔루션

신방수 세무사의
주택임대사업자
등록말소주택
절세 가이드북
이제 전문가들도 놓치고 있는
등록말소주택에 대한 세금이 진짜 위험하다!

부동산 성공 투자의 시작
알기 쉬운
경매 실무
발품 팔면
성공이
보인다

RESTART
부동산 투자
아무도 말해주지 않는 불변의 성공비법

극한직업
건물주

꼬마빌딩 건축

신방수 세무사의
확 바뀐
상가
빌딩
절세 가이드북

우대빵과 함께하는
성공 부동산
중개사무소
창업
투명하게 공정하게! 부동산 중개 시장을 바꾼다

지식산업센터
투자의
정석

닥치고 현장!
소액자본으로
부동산
부자되기

신방수 세무사의
부동산 증여에
관한 모든 것

부자 경매의 시작
알기 쉬운
기초 경매
볼 줄 알고
읽을 줄만 알면
경매는 한다

신방수 세무사의
2022
확 바뀐
부동산 세금
완전 분석

라철과 함께 공부하는
셀프 경매
바이블

실전 사례로 풀어보는
상가 셀프
경매의 정석
상가 경매로 노후 대책 마련하기
상가 경매를 통해 안정적
파이프라인을 만드는 비법 공개

닥치고 현장!
부동산에
미치다
부동산 투자의 답은 현장에 있다!

부동산 도서 목록

쉽게 따라 하고 빠르게 도전하는
빌라 투자 방정식

DEVELOPER
디벨로퍼 경매

투자 비밀

월세 보증금으로 부동산 산다
반값 생활 경매 솔루션

신방수 세무사의
1인 부동산 법인
하려면 제대로 운영하라!

대박나는 부동산 중개
핵심 공인중개사 실무 교육

부동산 경매·공매 특수물건 투자 비법

거지였던 나는 상가 투자로 32억 건물주가 되었다

공매 투자, 지금이 기회다

직장인도 따라 할 수 있는
별장펜션 창업

한 권으로 끝내는 토지 투자 성공공식

임장의 여왕이 알려주는 부동산 투자 전략

'발칙한 발상'이 부동산 성공 투자를 부른다
토지, 상가의 성공 투자법

당신의 경제 탈출구가 되어줄
이기는 부동산 경매의 비밀

미니 재개발·재건축의 모든 것

종부세
핵폭탄 대비하는 완벽 솔루션

부동산 도서 목록

신방수 세무사의
이제 부동산 세금을 알아야
주택 보유&
처분 할 수 있는 시대다

투자 전, 꼭 알아야 하는
상가임대차법

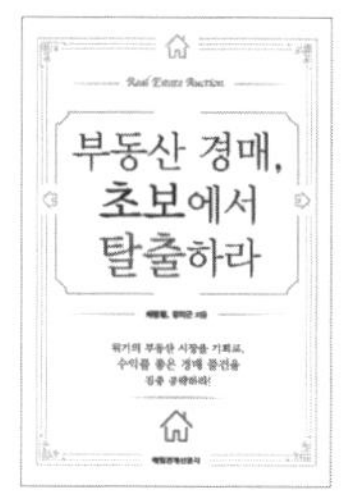
Real Estate Auction
부동산 경매,
초보에서
탈출하라

초규제 시대,
부동산 투자의 정석
2020년 이후 서울 아파트 시장을 전망한다

신방수 세무사의
2021
확 바뀐
부동산
세금
완전 분석

돈이 되는 부동산
VS
독이 되는 부동산
부동산 투자자들이 꼭 알아야 하는 특급 비밀

신방수 세무사의
양도
소득세
완전
분석

사례로 풀어보는
지분경매
지분경매 해결 TWO 기둥
= 소송+협상
부동산 경매의 새로운 틈새시장,
지분경매의 해결 프로세스 제시

신방수 세무사의
부동산 거래 전에
자금출처 부담
준비하라!

부동산 관리도
경영의 시대

부동산 관리와
종합서비스

신방수 세무사의
상속분쟁 예방과
상속
증여
절세 비법

김 과장도 돈 버는
셰어하우스
SHARE
HOUSE

내 생애 짜릿한
대박 상가
투자법

세금 모르면 주택임대사업 하지 마라!
신방수 세무사의
주택임대사업자
등록과
절세 비법

나는 장애를 딛고
부동산 경매로
성공했다

불황에도 매출 10배 올리는
상위 1% 공인중개사의 마케팅 비법

GTX 시대, 부동산 투자 비법은 따로 있다!
아파트는 살고 땅은 사라
토지 투자의 블루오션 진짜가 왔다!

부동산 투자를 시작하기 전에 꼭 읽어봐야 할 실전 기술
부동산 상식을 돈으로 바꾸는 방법

해외 부동산 투자, 나는 말레이시아로 간다
MALAYSIA
투자자에게 알려주고 싶은 부동산 블루오션

당신도 건물주가 될 수 있다!
원룸 마스터
원룸으로 공무원의 삶을 누려라!

부동산 투자자, 계약자가 꼭 알아야 하는
부동산 실무 法 용어사전 1,000
부동산 거래의 핵심 단어 1,000개!

부자로 환승하라 머니트레인
부동산 투자, 이제는 지하철이 핵심이다!

부동산 투자 인사이트

그는 어떻게 부동산 1인 창업으로 10억을 벌었을까?
부동산 투자의 숨겨진 진실!

절세미남 이상욱 세무사의
절세의 모든 기술 부동산 법인에 있다!
부동산 법인 A to Z

돈 버는 주택임대 관리기법
주택임대관리업은 복합적인 관리업무와 경영활동이다!

10%대 수익률을 위한 최고의 부동산 재테크
P2P 투자의 정석
저금리 시대, 높은 수익률을 보장하는 최고의 재테크!

부동산으로 이룬 자유의 꿈
잘 키운 아파트, 직장 회사 안 부럽다!

아파트 경매, 지역 분석이 먼저다!

매매 사례를 중심으로 살펴보는
대박 친 빌딩 투자의 비밀
상가빌딩의 최우선 조건은 첫째도 입지, 둘째도 입지, 셋째도 입지다!

부자가 되기 위한 부동산 요리법
정준환의 부동산 레시피
요리를 하는 것처럼 부동산에 익숙해져라!

초보를 위한 취업과 창업 완벽 가이드
잘나가는 공인중개사의 비밀노트
한 권으로 정리한 단기 속성 실무전략

新
명품 토지 중개 실무
다양한 사례와 함께 살펴보는 실무 노하우

실패 없는 부동산 패러다임
돈 길 따라가는 부동산 투자

부동산 세무 가이드북
Real estate Tax Guide Book
실전편
2019

지식산업센터 투자 실전 편
부동산 투자,
아파트형
공장이
틈새다
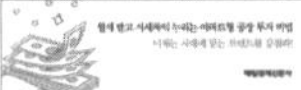

개념부터 쉽게 배우는 부동산 필수 상식
돈 되는 부동산은
따로 있다

2달 만에 월세 200만 원 받는
월세 부자
레시피
이제 당신도 부자가 될 수 있다!

직장인들도
쉽게 따라할 수 있는
新 부동산 공매
가이드북
실전편

양도 · 증여 · 상속의 모든 것
기막힌
부동산
절세의
비밀
생활 속의 세금 상식을 담은
절세 필독서

부동산
매매·임대사업자
세무
Real estate
Business
Tax
Guide Book
가이드북
실전편

나는
부동산 투자로
파산자에서
100억 부자가
되었다

지분경매,
공유지분,
독점경매
남들과 경쟁하기 싫고,
혼자 전부 독식하고 싶다!

대한민국 1%만 알고 투자하는
신의 재테크
GPL 투자의
기적
은행 금리보다 10배 이상
고수익 가능한 재테크의 발견

입찰에서 취득까지, 배당에서 명도까지
부동산 경매의 모든 것
이것이 진짜
성공 경매다

부동산 전문 아나운서의 재테크 실천법
결혼은 선택이지만
부동산
투자는
필수다

부자 되는
주택
임대사업
이제 대세는 수익형 부동산이다
평생 돈 걱정 없이 사는 월세 부자 되기

돈 버는
공인중개사는
따로 있다

부동산 정책 분석
시장을 이기는
정책은 없다
부동산 정책을 알면 시장이 보인다!

수익형 부동산 건축과 재테크 투자 비법
헌집 살래
새집 살래
건축을 알면
알짜 부동산이 한눈에 보인다!

전세가를 알면
부동산 투자
가 보인다
시장 심리를 파악하면, 투자 흐름이 보인다!

서울시 공정경제과
주무관이 알려주는
부동산
거래와
판례

스타들의
부동산
재테크
스타들의 사생활보다 더 궁금한
그들만의 부동산 투자
스타가 좋아하는
부동산은 따로 있다?

지분 경매로
토지 개발업자 되기

부동산 재테크
역세권이
답이다
철도 & 역세권 15년 경력의 노하우

세무조사
대비의 모든 것

향후 5년 부동산 정책 핵심 공략
문재인 시대
부동산 트렌드

주택 연출가
무조건 따라하기

커피 한 잔 값으로
초대형 오피스 주인 되기
리츠
얼리어답터

신의 한 수
금맥
경매
토지 경매로 금맥을 캐다!

주택
아파트
세무 가이드북
실전편

권리분석
완전정복으로
10년 안에
10억 벌기

대한민국을
움직이는
땅 투자 법칙100

땅투자
10단계 절대불변의 법칙

돈의 보감
평범한 샐러리맨, 투잡 경매로
5년에 10억 벌다
경매로 재테크하고
NPL로 두 번째 월급 받다

나는 갭 투자로
300채 집주인이
되었다

토지
세무
가이드북
실전편

新상가
투자
보물
찾기

상가
세무
가이드북
실전편

NPL
가격 산정의 비밀

응답하라!
위기의
부동산

나는
토지 경매로
금맥을 캔다

토지보상경매
실전활용

세무조사
실무
가이드북
실전편

야생화의
기초 경매

DM
dodreamedia
두드림미디어
경제·경영, 재테크, 자기계발, 실용서 전문 출판 임프린트

㈜두드림미디어 카페(https://cafe.naver.com/dodreamedia)
Tel : 02-333-3577 E-mail : dodreamedia@naver.com